中华根文化·中学生读本

黄荣华◎主编

君子之言

——《荀子》选读

胡 凌◎编选

Junzi Zhi Yan

上海教育出版社
SHANGHAI EDUCATIONAL
PUBLISHING HOUSE

人之需 （代总序）

一直想给中学生朋友编一套中华传统文化方面的读本。

作为中学语文教师，我们有自己的理由——

中华古代文化浩如烟海，书市上古代文化方面的图书也不计其数，但专门面向现代中学生的普通读本却很难找到，更不要说那种切合中学生阅读心理、精心选材、精心作注、精心释义的系列丛书了。

而从一名中学语文教师的角度看，当今中国语文教育最缺失的一块又恰恰是对中华传统文化的敬重、理解与传承。

众所周知，教育本来是指向学生的全面发展的，但因为"高考列车"越跑越快所产生的巨大无比的力量，语文已沦落为应试的工具。

在这样的教育中，对文化的漠视已成为语文教育的一个并不为多数人清醒意识到的"传统"；丢弃传统文化，甚至鄙薄传统文化，也已成为语文教育的一个并不为多数人清醒意识到的"传统"。

在这样的教育中，现代语文教育的本质意义——作为培育"民族文化之根"的意义，作为培育"效忠于""皈依于"中华民族的现代公民的意义，已基本丧失。

而中华民族在现代前行的艰难身影又告诉我们：我们的教育，我们的语文教育，必须敬重、理解、传承中华传统文化。

中华传统文化作为中华文明的载体，其两大支柱是儒与道。而作为现世人生精神支柱的文化，又主要是儒家文化。儒家文化又以孔子为核心，孔子文化的核心是"仁"——"仁者""爱人"。何为"爱人"？孔子"一以贯之"的是"忠""恕"二字——"己所不欲，勿施于人"，"己欲立而立人，己欲达而达人"。用现在的话说就是：自己不想要的不强加给别人，自己想要的也要让别人拥有。这样，人与人就会友爱，社会就会和谐，人类就会幸福。而支撑这一社会理想的核心思想是：人与人的平等性。

从近一个半世纪的中国近现代历史进程看，由于受列强的侵略，我们民族怀疑甚至痛恨过我们的传统文化，认为那是我们落后挨打之源。所以，我们曾经把传统文化作为落水狗一般痛打。但从我们逐步摆脱"挨打""挨饿"之后"挨骂"的现实看，我们现在最缺失的就是传统文化中的"忠""恕"二字。不"忠"就不"诚"，不"诚"就无"信"；不"恕"就不"容"，不"容"就无"爱"。当今社会的许多问题之源，正在于无"信"无"爱"。

要化解民族前行过程中出现的种种问题与矛盾，当然要从政治、经济、科学、军事、艺术、伦理、道德等各个方面去思考，但在教育过程中，在生活的各个方面，敬重、理解、传承我们传统文化的精髓，应当成为我们思考的重要内容。当我们通过教育，通过生活的方方面面形成的教化体系，能将我们传统文化的精髓与现代民族意识融为一体，内化为崭新的民族精神，并使其上升为民族得以昂然立身的中华现代文明，那我们民族就真正完成了由古代到现代的转型，我们的国家就能成为一个崭新的现代民族国家，我们的人民就会成为"具有中国心的现代文明人"（当代著名教育家于漪老师语）。

有了这样的愿望，就总希望能为实现这样的愿望尽微薄之力，所以我们带着对中华传统文化的敬意，乐意尽自己最大的力量为中学生朋友推介中华传统文化。

同时，作为语文教师，我们还感到，要真正理解语言、掌握语言，就必须理解文化，特别要理解传统文化。

语言学研究表明：语言的理解与运用，归根结底是与某个社会群体的认知方式、道德规范、文化传承、价值标准、风俗习惯、审美情趣等特定的文化因素相关联的；语言运用要得体，既要遵循语法规则，更要遵循文化规则。由于汉语的组织特点是"文便是道""以意役法"，即意义控制形式，"意在笔（言）先"，所以文化规则在汉语的组织运用中更有着突出的意义。又由于汉语是由汉字联属而成，而汉字是世界上最古老的文字之一，更是世界几千年间唯一没有中断其历史的文字；每个走过几千年的汉字都有着深厚的文化沉淀，可谓一个汉字就是一个广博精深的文化单元，就是一个意趣醇厚的审美单元（鲁迅先生曾在《汉文学史纲要·自文字至文章》中指出，汉字有"三美"："意美以感心"，"音美以感耳"，"形美以感目"）。因此，要让孩子们准确地把握经典文本表达的意义，恰当地表述自己的观点，得体而有效地与人交际，就要引导他们了解、掌握语言背后蕴含的丰富的文化信息。

现在只有无知者才不会承认，中华文明体是一个坚实、深刻、厚重、博大的文化体系。这个文化体系已将自己的精神文化贯彻到了人们可见、可知甚至可感的世界的每一个角落，渗透在人们的气血经脉、意识与潜意识之中，正所谓

"致广大而尽精微"(《中庸》)。在这个"致广大而尽精微"的文化体系中，天、地、人的分工和边界及其协调与平衡，都有着清晰、真切、生动的表达；在这个体系中，中华民族已建立起了自己独一无二的生活方式——在天与地之间，堂堂正正地做人，做一个大写的人。由此，中华民族也就有着有别于其他一切民族的独特文化——天地之间的人文化，而不是天界中的神文化，不是地界中的鬼文化。尽管我们的文化中不可避免地会涉及神鬼，但总体而言它是"敬鬼神而远之"的。由此，我们也就会真正明白，为什么诸子百家中的任何一家最终都将自己的精神内核指向了人，为什么我们几千年的文化主体选择了"儒"——人之需！如果不了解、不理解这样的文化，就不能真正读懂我们的文化原典，就不能真正听懂古今经典之作的汉语述说，就很难得体地用好已走过了几千年的民族语言。

基于上述两大理由，我们编著了这套《中华根文化·中学生读本》。

"根文化"就是"文化之根"。它表明这套读本关注的是中华文化最根本的部分。这又有两层意思：一是读本的内容选择上，关注代表根文化的内容；二是在注解、翻译、释义上，关注所选内容最本原的意义，基本不做现代阐释。

作为"中学生读本"，我们尽可能使其适合中学生的文化心理。每个选本均按主题组织若干单元，并写有单元导语；用浅近的白话注解、今译、释义，力求简洁明了。

《中华根文化·中学生读本》第一辑15种，主要选编先秦时期的经典，包括《兴于诗——〈诗经〉选读》《立于礼——"三礼"选读》《成于乐——〈乐记〉〈声无哀乐论〉选读》《仁者之言——〈论语〉选读》《义者之言——〈孟子〉选读》《君子之言——〈荀子〉选读》《智者之言——〈老子〉选读》《达者之言——〈庄子〉选读》《爱者之言——〈墨子〉选读》《法者之言——〈韩非子〉选读》《忠者之言——〈楚辞〉选读》《谋者之言——〈孙子〉选读》《春秋大义——〈春秋〉三传选读》《诸侯美政——〈国语〉选读》《战国争雄——〈战国策〉选读》。

黄荣华

前　言

　　荀子,是战国末期著名的思想家、文学家、教育家,是先秦儒家学说的集大成者,他与孔子、孟子一起,被称为是先秦儒学最重要的三个人物。但是,与孔子、孟子相比较,荀子却是一位两千多年来始终被误读、被忽略的大家。

　　荀子本名况,生卒年代已经无从考察,大约生活在公元前313—公元前238年之间。根据《史记·孟子荀卿列传》记载,"荀卿最为老师","齐尚脩列大夫之缺,而荀卿三为祭酒焉"。荀子五十岁来到齐国,曾在稷下学宫讲学,三为祭酒,后来因遭受谗言,到了楚国,被春申君任命为兰陵令。春申君死后荀子被废,家居直到逝世,葬在兰陵。

　　梁启超曾说:"二千年之政,皆秦政也;二千年之学,皆荀学也。"章太炎赞美荀子说:"自仲尼之后,孰为后圣?惟孙卿(荀子)足以称是。"郭沫若更是将孟子、庄子、荀子、韩非子并称为先秦散文四大台柱:"孟文的犀利,庄文的恣肆,荀文的浑厚,韩文的峻峭,单拿文章来讲,实在是各有千秋。"近代史学家彭基博也说:"如果说我们所处的时代与古代哪一个思想家最相印合,那无疑就是荀子,那理性精神,法治观念,强国方略,富民思想,外交政策,等等,都可在荀学中找到惊人的相似之处,为政为学者不可不读荀子。"

　　虽然有如此多的大家推崇荀子,但是在人们普遍的思想认识中，由于荀子主张性恶，提倡法制，也因为法家的两个重要代表人物韩非子、李斯都是荀子的学生，所以荀子被后来的儒家学者所诟病，认为他是"大醇而小疵"。与孔、孟二位圣贤相比，荀子研究要寂寞得多了。

荀子的思想资料主要保存在《荀子》一书中。起初，荀子的作品以单篇流传，有 323 篇，西汉刘向校书的时候，将其整理校订，编辑成书，定为 32 篇，12 卷，当时称为《孙卿新书》。后来唐代人杨倞为其作注，将其编为 20 卷，才更名为《荀子》。这就是我们今天所看到的《荀子》。但其实，《荀子》一书并非全部出自荀子本人。一般认为，《大略》以下 6 篇，包括《宥坐》《子道》《法行》《哀公》《尧问》等，都是荀子的弟子所记载的荀子语录以及杂录的传记。其他篇目虽然内容与荀子的思想多相吻合，但其真伪在学术界也还有争议，如《儒效》《君道》《议兵》《强国》《仲尼》《致士》《君子》《成相》《赋》等篇，很多学者以为都有混杂文字在内。

荀子的思想综合了战国道家、墨家、名家、法家等诸家的思想成分，从而对儒学做出了创造性的发展。

后人总是将荀子和另一位儒学大家孟子做一番比较，因为二者关于人性的认识恰恰针锋相对。孟子主张"性善"，荀子主张"性恶"，在这里，我们无法给出一个定论，但是荀子的"性恶论"直指人的本性，较之孟子的多方论辩更具有"因人情"的一面。荀子之所以长期被误读、被忽略，与其主张"性恶"是有很大关系的。

《荀子》是先秦学术思想成果总结性的著作，里面涉及荀子的哲学思想、政治观点、治学方法、立身处世之道、学术论述等诸多方面，可以说每一篇都有一定的价值。但是，作为"中华根文化·中学生读本"系列丛书中的一本，如果不加遴选地将《荀子》的文章介绍给中学生读者，恐怕很难被接受和消化。所以,笔者试图用这样几个词语来概括荀子的思想体系:"君子志学""化性起伪""隆礼重法""天人之分""明分使群""君子形容",进而从以上几个方面编选材料,在形式上打破荀子文章本身的完整性,将节选出来的段落以思想为主题重新编排组成单元,意在帮助中学生读者初步了解荀子思想的全貌,发掘出荀子这位被长期误读和忽略的儒学大家的思想精髓。全书均加以详细的注解、今译和简单的释义。

本书以中华书局新编诸子集成本,清人王先谦《荀子集解》为底本,在注释翻译过程中,主要参考了中华书局中华经典藏书,安小兰译注的《荀子》,如遇错讹难解之处,尽量多方查考。但笔者学力有限,成书时间也稍嫌仓促,在注释和翻译方面不可避免地会出现不当或错讹之处,释义部分的见解也许浅陋不当,凡此,尚祈读者批评指正。

胡　凌

目录

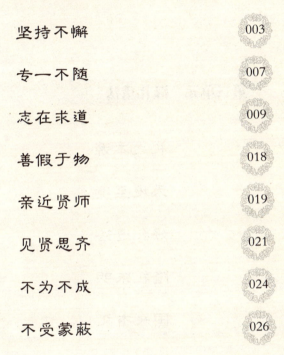

第五单元　明分使群

第六单元　君子形容

第一单元

君子志学

　　"君子志学"就是说一个人想要成为君子,就应该立志于学习。

　　《荀子》开篇第一讲就是《劝学》,"劝"是劝勉、鼓励的意思。荀子鼓励人们用心学习,强调"学不可以已",是希望人们能够通过不断地学习,发展自己的德性,改正自己身上原有的缺点,成为"知明而行无过"的君子。

　　本单元从君子立志求学的目标、态度、方法等三方面展开,分为"坚持不懈、专一不随、志在求道、善假于物、亲近贤师、见贤思齐、不为不成、不受蒙蔽"等八个主题。

坚持不懈

专一不随

志在求道

善假于物

亲近贤师

见贤思齐

不为不成

不受蒙蔽

坚 持 不 懈

原文

君子曰：学不可以已①。青，取之于蓝而青于蓝②；冰，水为③之而寒于水。木直中绳④，𫐓⑤以为轮，其曲中规⑥；虽有槁暴⑦不复挺者，𫐓使之然也。故木受绳⑧则直，金就砺则利⑨，君子博学而日参省乎己⑩，则知⑪明而行无过⑫矣。

——《劝学》（节录一）

注解：①已：停止。②青：靛（diàn）青。蓝：植物名，它的叶子可制作蓝色染料。③为：凝结，形成。④中（zhòng）：符合。绳：木匠用来测定直线的墨线。⑤𫐓（róu）：指用火烤使木材弯曲。⑥规：量圆的工具，就是现在的圆规。⑦有：通"又"。槁（gǎo）：枯干。暴：通"曝"，太阳晒。⑧受绳：经过墨线量过。⑨金就砺（lì）则利：金，金属，这里指用金属做成的刀或剑。就，接近，这里指在磨刀石上磨。砺，磨刀石。利，锋利。⑩君子博学而日参省乎己：博学，广泛地学习。日，每天。参，通"三"，这里指多。省，反省。⑪知：同"智"。⑫过：过失，过错。

今译

君子说：学习是不能停止的。靛青是从蓝草中提取出来

003

的,但是却比蓝草更青;冰是由水凝结形成的,但是却比水更冷。笔直的木材,它的笔直程度符合墨线的要求,就像直尺量过那样,如果把它放在火上烘烤一下,它就可以被弯成车轮那样子,木材弯曲的弧度就像用圆规画出来的,这种情况下,即使再经受太阳暴晒,木材也不会再一次变直,这其中的原因就在于:木材经过了烘烤加工,变成了这样。所以,木材经过墨线量过之后才能被削得笔直,刀剑在磨刀石上磨过之后才能变得锋利。君子广泛地学习,同时每天能够多多地反省自己,就会变得拥有智慧,行为上没有过错了。

释义

《荀子》开篇第一句话就是"学不可以已",意思是:学习的道路是永无止境的。对于求学的人来说,如果拥有勤奋、进取、永不满足的态度,就能够更好地完成学业。

但是,在荀子看来,学习的目的并不仅仅局限于获得更多的文化知识。在这段话中,荀子提到了"青""冰""木""金"这些物质,它们都经历了某些过程(或者是经过提炼,或者是经历严寒,或者是被火烤过,或者是在磨刀石上磨过),使自身原本的性质发生了变化,并且,这种变化是不可逆转的。

荀子认为,人和这些物质一样,有着各自不同的天性,天性中有优点,也有缺点,如果优点得不到发扬,缺点得不到改正,人就会不断地犯错误,也就无法成为有智慧的君子了。所以荀子强调"学不可以已",希望人们能够通过不断学习,改正自身的缺点,最终成为明辨是非的君子。

在学习的态度上,荀子说君子要做到"(博学而)日参省乎已",时时刻刻严格要求自己。这和孔子所说的"君子无终食之间违仁,造次必于是,颠沛必于是"很相近。从这段话中可以看出,荀子认为学习对一个人提高自身的道德修养是有极大帮助的。

原文

　　积土成山，风雨兴焉①；积水成渊②，蛟龙生焉；积善成德而神明③自得，圣心备④焉。

　　故不积跬步⑤，无以⑥至千里；不积小流，无以成江海。骐骥⑦一跃，不能十步⑧；驽马十驾⑨，功在不舍。锲⑩而舍之，朽木不折；锲而不舍，金石可镂⑪。

——《劝学》(节录二)

　　注解：①兴：兴起。焉：从这里。②渊：深水，深潭。③神明：如同神明一样的境界。④圣心：圣人的精神境界。备：具备。⑤跬(kuǐ)步：半步，就是指跨一脚。⑥无以：无法，没有办法。⑦骐骥(jì)：骏马。⑧十步：指跃到十步远。⑨驽(nú)马：劣马。驾：指一天的路程；十驾，指十天的路程。因为马行走一整天，到夜晚就休息，所以就称一天的路程为"一驾"。⑩锲(qiè)：刻，这里指刻木头。⑪镂(lòu)：雕刻，这里指雕刻金属。

今译

　　土不断地堆积起来，成了高山，风雨就从山中兴起了；水流不断地积聚起来，成为深潭，蛟龙就从深潭中诞生了；积累善良的行为，从而养成高尚的品德，自然而然就会拥有神明一样的智慧，具备圣人的精神境界。

　　所以如果不积累一小步的行程，就没有办法到达千里之远的地方；如果不积累细小的流水，就没有办法汇聚成江河大海。千里马跑得再快，一跃也不会超过十步远；劣马拉车走上十天，却也能走到很远的地方，劣马的成功就在于它不停地坚持向前走。如果刻几下就停下来了，那么就连腐烂的木头也是刻不断的；如果坚持不断地刻下去，那么即使是金石也能够被雕刻成形啊。

释义

"积土成山""积水成渊"，这些都是积少成多、积小成大的自然现象。荀子从自然现象中得到了启示，联想到人提高自身修养的过程，就如同积土成山一般，要靠平时的日积月累。所以，积小善而成大德，也是一个自然的过程，"神明自得"一句就表达了这层意思，有如神明一般的智慧境界是无需刻意去求的，在你不断地积累小善的过程中，它就自然而然地形成了。

这段话中的"圣心"指圣人的精神境界，"圣人"也可以理解为孔子常常提到的"君子"。普通人也许永远无法成为圣人，但是仍然应该将"圣心"作为自己追求的目标，去追求高尚的道德境界，从而改正自己天性中的缺点。正如这段话中所说的"驽马十驾，功在不舍"，驽马虽然没有很好的天赋，但是却有跑到千里之外的高远理想，所以它"不舍"地奔驰，最终也能够达到目的地。相反，即使是天赋极好的骐骥，如果只是随意地"一跃"，到"十步"之远就停下了，那是永远也无法到达终点的。

因而，有些目标看似很难达到，如同"金石"一般坚硬，但是只要有理想，有坚持不舍的态度，就有了攻克难关的可能。

荀子在现实生活中看到了许多不符合道德理想的事情，他认为，坚持高尚的道德修养会遭遇许多的阻力，所以，荀子希望人们能够拿出"锲而不舍"的精神，不断地改正自己的缺点，追求高尚的道德修养。如果人人都能这样要求自己，那么整个社会对礼义道德的坚守也就不那么困难了。

专 一 不 随

原文

蝘无爪牙之利①、筋骨之强②，上食埃土③，下饮黄泉④，用心一也。蟹六跪而二螯⑤，非蛇蟺之穴无可寄托⑥者，用心躁也。

是故⑦无冥冥⑧之志者无昭昭⑨之明，无惛惛⑩之事者无赫赫⑪之功。行衢道⑫者不至，事⑬两君者不容⑭。目不两视⑮而明，耳不两听⑯而聪。螣蛇⑰无足而飞，鼫鼠五技而穷⑱。

……

故君子结⑲于一也。

——《劝学》（节录三）

注解：① 蝘(yǐn)：蚯蚓。爪牙之利：锐利的爪牙。② 筋骨之强：强健的筋骨。③ 埃土：泥土，尘土。④ 黄泉：地下的泉水。⑤ 跪：足，指螃蟹的脚。螯(áo)：蟹头上的两只爪子，形状像大钳子一样。⑥ 蟺：同"蟮(shàn)"，蚯蚓的别名。寄托：托付身体，安身，存身。⑦ 是故：因此。⑧ 冥(míng)冥：专一、精诚的样子。⑨ 昭(zhāo)昭：明白，清楚。⑩ 惛(hūn)惛：专一、精诚的样子。⑪ 赫赫：显赫的样子。⑫ 衢(qú)道：歧路。⑬ 事：奉事，为某人做事。⑭ 容：容忍。这里是被容忍的意思。⑮ 两视：同时看两样东西。⑯ 两听：同

时听两种声音。⑰ 螣(téng)蛇：古代传说中一种能穿云驾雾的蛇。⑱ 鼫(shí)鼠五技而穷：鼫鼠，一种危害农作物的老鼠，又叫"五技鼠"，这种鼠身怀五技：飞、爬、游、跑、掘，但是却飞不上屋顶，爬不上树梢，游不过沟渠，奔跑起来速度也不能超过人，挖掘的洞穴的大小也不足以藏身。穷，处境恶劣，没法生存。⑲ 结：凝结不变，坚定。

今译

蚯蚓没有锐利的爪子和牙齿，也没有强健的筋骨，却能抬头吃到泥土，低头喝到泉水，这就是它用心专一的原因。螃蟹有六只脚，两只大钳子，但是如果没有蛇、鳝的洞穴它就无处存身，这就是因为它用心浮躁、不专一啊。

因此，如果没有专一精诚的精神，就无法形成清明的智慧；如果没有坚定不移的行动，就不可能拥有显赫的成就。在歧路上彷徨犹豫、不知道自己该往哪里去的人永远也到达不了目的地，同时为两个君主做事的人更是不会被任何人容忍的。眼睛无法同时看清楚两样东西，耳朵也不能同时听清楚两种声音。螣蛇虽然没有脚，但是却能腾空飞起，鼫鼠有五种本领却常常处于无法生存的困境。

......

所以君子的意志要坚定专一啊。

释义

在自然界中，蚯蚓的身子软软的，没有坚硬的外壳和钳子，却能依靠"食埃土""饮黄泉"生存下来；而螃蟹有着吓人的大螯，却只能寄居在别的动物的巢穴里。两相对比，在荀子看来，蚯蚓比螃蟹高明的地方就在于"用心一也"。螣蛇和鼫鼠的差别也在于此，鼫鼠比螣蛇有更多的本领，但是没有一样是精通的，所以，螣蛇能够穿云驾雾,而鼯鼠却常常限于困境之中。

这里用心专一的蚯蚓、"无足而飞"的螣蛇比喻那些坚定地走在追求礼义、道德的道路上的人,而用心浮躁的螃蟹、"五技而穷"的鼯鼠,则比喻那些在追求礼义、道德时常常彷徨、犹豫的人。

众所周知,在追求真理的道路上,能够走到最后、修成正果的,不一定是那些天赋最好、客观条件最充裕的人,而一定是在意志和行动上都坚定不移的人。

所以,荀子希望"君子结于一也"。

"结"就是坚定的意思。对于君子来说,在追求真理的过程中,除了在行动上坚定不移,更重要的是信念的坚定。

正如荀子所说的"行衢道者不至,事两君者不容",如果走在了错误的道路上,又怎么可能到达终点呢? 所以,君子应该坚定不移地走在正确的道路上,对于自己所追求的真理,不要轻易怀疑,不管遇到怎样的挫折和困境,也要坚信真理终究是真理。否则,如果心中有彷徨、有犹豫,就容易被错误的思想所蒙蔽干扰,从而被带到错误的道路上去,那么,真相就永远也无法辨明了。

志 在 求 道

原文

夫骥①一日而千里,驽马②十驾则亦及③之矣。将以穷无穷④,逐无极与⑤? 其折骨绝⑥筋,终身不可以相及也。将有所止⑦之,则千里虽远,亦或迟或速、或先或后,胡为乎其不可以相及也？

不识步道⑧者，将以穷无穷、逐无极与？意⑨亦有所止之与？夫坚白⑩、同异⑪、有厚无厚⑫之察，非不察⑬也，然而君子不辩⑭，止之也；倚魁⑮之行，非不难也，然而君子不行⑯，止之也。

——《修身》（节录一）

注解：① 骥（jì）：骏马，好马。② 驽（nú）马：劣马。③ 及：走到，赶到。④ 穷无穷：穷，走完。无穷，指无穷无尽的道路。⑤ 与：同"欤（yú）"，助词，表示疑问、感叹、反问的语气。这一段后两句句末的"与"也是这个用法。⑥ 绝：断。⑦ 止：终点，目的，止境。后面"意亦有所止之与"以及"止之也"中的"止"也是这个意思。⑧ 步道：道路。⑨ 意：通"抑"，或者，还是。⑩ 坚白：指石头的坚硬和白色两种属性。⑪ 同异：认为事物的相同和不同是相对的。⑫ 有厚无厚：认为空间是无限的。⑬ 察：明察，细致深刻的认识。⑭ 辩：争论。⑮ 倚魁（kuí）：怪诞骇俗的行为。倚，通"奇"。魁，大。⑯ 行：做。

今译

骏马一天能跑一千里的路程，劣马走上十天也能达到千里之外的地方。但是，想要走完无穷无尽的路途、追逐那没有终点的地方吗？如果这样的话，那么即使跑到骨头折了，筋也断了，也是一辈子都不可能到达（那没有终点的地方）的。如果做事情是有终点有目的的，那么即使目的地在千里之远的地方，也只是或快或慢、或前或后的问题，怎么可能走不到终点呢？

不认识前进道路的人，是去努力走完那无穷无尽的道路，追逐那没有终点的地方呢？还是有一个自己的目标,然后再去追寻？那些对"坚白""同异""有厚无厚"等命题的争辩,不能说不是细致深刻的认识,但是君子却不去争论这些命题,这是因为君子有自己追求的目标;那些惊世骇俗的行为,不是不难做,但是君子却不去做,那是因为君子有自己追求的目标。

释义

在儒家经典中,"止"字有特别的含义,指全身心专注追求的目标,比如射箭,其所射的箭靶就叫作"止"。在荀子的书里,"止"字常常指的是做事情的目标,尤其是追求礼义、道德的目标。

在这一段中,荀子阐释了找到正确目标的重要性,"其折骨绝筋,终身不可以相及也"一句就指出:如果没有明确的目标,那么哪怕终身不懈地努力追求,也不可能寻得真理。所以,君子求道,除了需要坚持不懈的态度,更要找准目标,才不会南辕北辙,白费功夫。

那么,什么是君子应该下功夫追求的呢？"坚白""同异""有厚无厚"等那个时代的流行话题是不是都值得君子关注呢？要解答这个问题,我们就必须了解这些话题的内容。

"坚白",是战国时争论的一个重要命题。以名家公孙龙为代表的"离坚白"论者认为,"坚"和"白"两种属性是各自独立、互相分离的,因为眼睛看到"白"而看不出"坚",手摸到"坚"而不能感知"白"。后期墨家则主张"坚白相盈",认为"坚"和"白"不能离开具体的石头而独立存在。

"同异",是战国时名家惠施的论题。他认为事物的同异是相对的,具体的事物之间有"小同""小异",而从宇宙万物的总体来看,万物又莫不"毕同""毕异"。

"有厚无厚",也是惠施提出的哲学命题,指空间上的无限性问题。惠施认为平面从厚(体积)来说是无，但面积仍可扩大至千里。也有人认为"有厚无厚"是春秋时邓析提出的一个命题。

相比较荀子所追求的礼义而言，"坚白""同异""有厚无厚"等哲学命题虽然有价值，但是却不能对改变人的天性起到直接的作用。

所以，荀子认为这些话题并不是君子所应该追求的目标，君子无需参与这些命题的争论，而应该努力追求如何用礼义道德教化民众，这才是君子所追求的目标。

由此可见，首先要明确目标，才能走上正确的道路。君子因为能够对自己所追求的目标有清晰的认识，所以能够做到该行则行，该"不行"则"不行"。

原文

凡以知①人之性也，可以知②物之理③也。以④可以知人之性⑤，求可以知物之理，而无所疑⑥止之，则没世穷年不能徧⑦也。其所以贯理⑧焉虽亿万，已不足以浃⑨万物之变，与愚者若一⑩。学，老身长子⑪而与愚者若一，犹不知错⑫，夫是之谓妄人⑬。故学也者，固学止⑭之也。恶⑮乎止之？曰：止诸至足⑯。曷⑰谓至足？曰：圣王。圣也者，尽⑱伦⑲者也；王也者，尽制⑳者也。两尽者，足以为天下极㉑矣。

——《解蔽》(节录一)

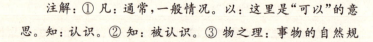

注解：①凡：通常，一般情况。以：这里是"可以"的意思。知：认识。②知：被认识。③物之理：事物的自然规

律。④ 以：凭借，借助。⑤ 性：本性，性质。⑥ 疑：通"凝"，止。⑦ 没（mò）世：终身，永远。穷年：毕生一辈子。徧：同"遍"，穷尽。⑧ 贯理：领会道理。贯，贯通。⑨ 浃（jiā）：通，透。这里是彻底了解的意思。⑩ 一：一样。⑪ 老身长（zhǎng）子：年纪大了，儿女长大成人了。⑫ 错：通"措"，搁置，放弃。⑬ 妄人：无知的人。⑭ 固：根本。止：限度，目的，终点。⑮ 恶（wū）：疑问代词，哪里，怎么。⑯ 止诸至足：止，目标。诸，相当于"之于"，在于。至足，指最高的境界。⑰ 曷（hé）：何，什么。⑱ 尽：完全精通，下文"尽制者也"中的"尽"也是这个意思。⑲ 伦：理，规律。⑳ 制：制度。㉑ 极：最高的。

今译

　　通常来说，能够探索认识事物，是人的本性；可以被认识，是事物的自然规律。凭借人可以认识事物的本性，去探求可以被认识的事物的规律，如果没有一定的目标，那么即使辛苦一辈子，耗费毕生的精力，也不可能彻底懂得世间万物的道理。这样的人所学习、领会的道理即使有千千万万，但也不足以帮助自己彻底了解变化无穷的万事万物，这和一般的愚人是一样的啊。这样的人，一直学习，直到老了，儿女都长大了，如果仍然和愚人一样，并且还不懂得放弃这种做法，这种人就是无知的人了。所以，学习的根本就在于要学习那些自己认定的目标内容。学习的目标在哪里呢？答：学习的目标就在于追求最高的境界。那么，什么是最高的境界呢？答：就是圣、王的境界。我们所说的"圣"，就是完全懂得事物道理的人；我们所说的"王"，就是完全精通治国制度的人。能够完全精通这两个方面的人，就是达到天下最高标准的人啊。

释义

"凡以知人之性也"，这句话是说：人只要来到世上，就有了探索、认识事物的能力，比如认识亲人、认识周围事物的特点、了解四季的变化等，人就是在不断认识世界的过程中成长起来的，这是一种天性。相应的，世间万物也都有可以被认识的特性，所以，荀子说"可以知物之理也"。但是，世间万物是没有穷尽的，因而一个人不可能认识世界上所有的事物，懂得所有的道理。人如果对此没有清晰的认识，就会陷入一个无穷无尽的知识的海洋，迷失自己的方向。就像荀子所说的"求可以知物之理，而无所疑止之，则没世穷年不能遍也"，这里的"疑止"就是学习的目标。

由此可见，人必须对自己探索、学习的对象有所选择，找到真正的学习目标。有了真正的学习目标，人就不容易受到纷繁世事的蒙蔽干扰；没有真正的学习目标，而只是盲目地获取知识，那么纵使费尽气力，也是不可能取得真正的成效的。

荀子反复地强调目标的重要性，是因为荀子论学，意在论道。荀子担心人们被纷繁的世事所蒙蔽，从而找不到通往理想境界的道路，所以明确地指出："曷谓至足？曰：圣王。"圣，是完全懂得事物规律的人；王，是完全精通治国制度的人。这两类人可以算是真正懂得事理的人，也是荀子心目中可以治理好天下的人。可见，荀子的理想是通过学习，培养出治理国家的人才，从而使天下大治。

原文

故不登高山，不知天之高也；不临深谿①，不知地之厚也；不闻先王之遗言②，不知学问之大也。干、越、夷、貉之子③，生而同声，长而异俗④，教使之然也。

《诗》曰："嗟尔君子，无恒安息。靖共尔位，好是正直。神之听之，介尔景福。"⑤神莫大于化道⑥，福莫长于无祸。

—— 《劝学》（节录四）

注解：① 谿（xī）：山谷。② 闻：这里是懂得的意思。先王：指上古的帝王。遗言：这里指上古的帝王流传下来的道理。③ 干、越：春秋时的两个诸侯国，干国小，被吴国所灭，这里指吴越地区。夷：古代对异族的称呼，多指东方的民族。貉（mò）：古代对北方民族的称呼。子：这里指一类人。④ 长：长大。异俗：风俗不同。⑤ "嗟尔"六句：这里的六句诗出自于《诗经·小雅·小明》。嗟尔，感叹词。恒，常常，总是。安息，安逸。靖，恭敬。共，同"恭"。位，本职工作。好，爱好。正直，指正直之道。神之听之，神明听到这一切，句中第一个"之"字没有实义。介，帮助。景，大。⑥ 化道：受到道德的教化。

今译

所以，如果不登上高山，就不会知道天有多么高；如果不亲临幽深的山谷，就不会知道地有多么厚；不懂得上古时候帝王流传下来的道理，就不会懂得学问有多么博大。吴国、越国、东夷、北貉这些地方的人，刚生下来的时候，他们啼哭的声音都是一样的，但是长大之后，各地的风俗习惯却各不相同，就是因为教育使他们有这样的区别啊。

《诗经》上说："唉，君子啊，不要老是想着过安逸的生活。要恭敬地对待你的本职工作，爱好追求正直之道。神明听到这一切，就会帮助你得到巨大的幸福。"所以，在精神修养方面，没有比受到道德的教化影响更大的,若要说起一个人的福分,没有比无灾无祸更显得福分长远的。

释义

人生下来就是有欲望的,饿了想吃,累了想睡,冷了想穿得暖和些,恐惧了就想找到一个安全的地方躲起来。对于初生的孩子来说,啼哭就是他们表达欲望的方式,这一点,世界各地的孩子都是一样的。所以,荀子说"干、越、夷、貉之子,生而同声"。

但是,长大之后,各个地方、各个阶层的人对于欲望的追求却大相径庭,这就叫"长而异俗"。荀子认为,这是因为不同地方或不同阶层的人接受了不同的教育,处在文明开化环境中的人,能够接受道德的教化,自然能克制住内心欲望的冲动,成为道德高尚的君子;而没有机会接受道德教化的人,往往会任意放纵自己胡作非为,那么人世间的灾祸也就离他不远了。所以,每个人都必须不断学习,以提高自己的道德修养,才能够最大限度地躲避灾祸,保全自己。

在荀子看来,学习的意义也体现于此。学习能够使人的见识更广博,使人的心胸更开阔,使人领悟到天外有天、人外有人的道理,从而为人谦和、处事稳重。这样,人就能够正确地面对自己内心的欲望,不为欲望所役了。

"神莫大于化道,福莫长于无祸。"这就是道德教化的影响力。

原文

学恶①乎始,恶乎终?曰:其数②则始乎诵经③,终④乎读礼;其义⑤则始乎为士⑥,终乎为圣人。真积力久则入⑦,学至乎没⑧而后止也。故学数⑨有终,若其义则不可须臾⑩舍也。为之人也,舍之禽兽也。

——《**劝学**》(节录五)

注解:① 恶(wū):哪里。② 数(shù):方法,途径。③ 经:指儒家经典,即《诗》《书》《礼》《乐》《易》《春秋》。④ 终:结束。⑤ 义:意义。⑥ 士:指有志于求道的人。⑦ 真:果真。积力久:这里指长期积累。入:指能够深入探究奥秘。⑧ 没:通"殁(mò)",死。⑨ 学数(shù):这里指学习的道路。⑩ 须臾(yú):片刻。

今译

学习究竟应从哪里开始入手,又到哪里能够结束呢? 答:按学习的方法而言,应该从诵读经典开始,直到研读礼法结束;就学习的意义而言,则应该从做有志之士开始,直到成为圣人才结束。如果真能长期积累不懈努力,就能深入探究出其中的奥秘,这样一直学到死,才能够停止啊。所以诵读经典的道路虽然有尽头,但进取的愿望却是片刻都不能懈怠的啊。如果做到了这一点,就是人;如果轻易放弃了追求做有志之士的目标,那就是禽兽了。

释义

俗话说:活到老,学到老。学习文化知识是这样,学习礼义制度,提高自身修为,更是一条永无止境的道路。荀子把读书人分为士、君子、圣人三等,而学习的终极目标是"终乎为圣人",从士到圣人,需要经历对"志道"逐渐深入理解的过程。这个过程很艰难,但是人如果放弃了对礼义道德的坚守,就与禽兽无异了。所以，人不能轻易放弃做一个有高尚道德追求的人啊！

善假于物

原文

吾尝终日①而思矣，不如须臾②之所学也；吾尝跂③而望矣，不如登高之博见④也。登高而招，臂非加长也，而见者⑤远；顺风而呼，声非加疾⑥也，而闻者彰⑦。假舆马⑧者，非利足⑨也，而致⑩千里；假舟楫⑪者，非能水⑫也，而绝⑬江河。君子生⑭非异也，善假于物也。

——《劝学》（节录六）

注解：①终日：整天。②须臾：片刻。③跂(qì)：踮起脚后跟。④博见：看得广阔。⑤见者：能够看到的人。⑥疾：这里指声音洪大。⑦闻者：能够听到的人。彰(zhāng)：清楚。⑧假：凭借，借用。舆马：车马。⑨利足：脚程快。⑩致：到。⑪舟楫(jí)：船和桨，这里指船只。⑫能水：擅长游水，水性好。⑬绝：渡过。⑭生：通"性"，本性，天性。

今译

我曾经整天地思索，却不如学习片刻能够学到的知识多；我曾经踮起脚后跟朝远处眺望,却不如攀登到高处能够看得更广阔。登到高处招手,胳臂并没有比原来加长,可是远处的人也能够看得到;顺着风呼叫,声音并没有比原来加大,可是听到的人却能够听得更清楚。借助车马赶路的人,并不是脚程比一般人快,却可以到达千里之外的地方;借助舟船赶路的人,并不是水性特别好,却可以横渡江河。君子的天性跟一般人没什么不同,只是君子善于借助外物罢了。

释义

　　君子的学习方法,比起一般人而言,有什么特殊的地方吗?荀子的回答是:"君子生非异也,善假于物也。"正如前文所提到的"登高而招""顺风而呼""假舆马""假舟楫",这些都是善于借助外物的例子,由此来帮助自己改变先天的不足、提高解决问题的能力。那么,在学习中,"善假于物"就应该指从前人或他人的学习成果中获得可资借鉴的东西。从这段话所举的生活实例可以看出,埋头苦读、一个人苦思冥想,是不见得能有什么大成效的。君子正是因为善于从前人的经典和他人的思考中获得启示,所以才能达到理想的境界。

亲 近 贤 师

原文

　　学莫便乎近其人^①。礼、乐法而不说^②,《诗》《书》故而不切③,《春秋》约而不速④。方⑤其人之习⑥君子之说,则尊以徧⑦矣,周⑧于世矣。故曰"学莫便乎近其人"。

——《劝学》(节录七)

注解:① 便(biàn):简便。近:亲近。其人:指通晓经书的人,贤师。② 礼:《礼经》。乐:《乐经》。法:有大道理。不说:没有说明、解说,指没有详细的解说。③《诗》:《诗经》。《书》:《尚书》。故:过去的典故、事情。不切:不切合于时世。④《春秋》约而不速:约,简约。速,迅速地理解。因为《春秋》的文辞十分简约,其中的褒贬态度并不明确,所以很难一下子理解。⑤ 方:效仿。⑥ 习:讲习,学习。⑦ 尊以徧(biàn):养成崇高的品格,得到全面的知识。徧,同"遍"。⑧ 周:周到,通达。

今译

在学习的方法上,没有比亲近贤明的老师更简便的了。《礼经》《乐经》中有大道理但是却缺乏详细的解说,《诗经》《尚书》记载了古代的典故、事情,但是却不一定适合在实际生活中应用,《春秋》的文辞十分简约,它的内涵深远,所以很难一下子理解清楚。如果能够效仿贤明的老师,学习君子的学说,就能养成崇高的品格,得到全面的知识,还可以通达人世间的道理。所以说,在学习的方法上,没有比亲近贤明的老师更简便的了。

释义

人的生命是有限的,前人为我们留下了大量的文献经典,比如《礼经》《乐经》《诗经》《尚书》《春秋》,这些经典如果每一本都要靠我们自己去读、去理解，恐怕穷尽一生也无法全部读完吧！所以，在学习、求道的过程中，要善于从贤明的老师身上汲取养分、获得道德的力量，这就是荀子反复强调的"学莫便乎近其人"。贤明的老师能够带给学生的，不仅是全面的知识，更有潜移默化的道德影响，这的确是一条学习的捷径啊！

见贤思齐

原文

见善修然，必以自存①也；见不善愀然②，必以自省也。善在身介然，必以自好③也；不善在身也菑然④，必以自恶⑤也。故非我而当⑥者，吾师也；是⑦我而当者，吾友也；谄谀⑧我者，吾贼⑨也。故君子隆师而亲友⑩，以致恶其贼⑪。好善无厌⑫，受谏而能诫⑬，虽欲无进⑭，得乎哉！

小人反是，致乱而恶人之非⑮己也，致不肖而欲人之贤⑯己也，心如虎狼，行如禽兽，而又恶人之贼⑰己也。谄谀者亲，谏争者疏⑱，修正为笑⑲，至⑳忠为贼，虽欲无灭亡，得乎哉！《诗》曰："噏噏呰呰，亦孔之哀。谋之其臧，则具是违；谋之不臧，则具是依。㉑"此之谓也。

——《修身》（节录二）

注解：① 修然：严正、恭谨的样子。存：察，审查。② 愀(qiǎo)然：忧惧的样子。③ 介然：坚固的样子。自好：使自己拥有善良品质。④ 菑(zāi)然：意思是好像有灾祸在身上一样。菑，通"灾"。⑤ 恶(wù)：厌恶。⑥ 非：批评。当：恰当。⑦ 是：赞同，肯定。⑧ 谄(chǎn)谀(yú)：谄媚阿谀。⑨ 贼：害。⑩ 隆师：尊崇老师。亲友：亲近朋友。⑪ 恶：厌恶。贼：指阿谀奉承的人。⑫ 厌：满足。这个意思又可以写成"餍(yàn)"。⑬ 诫：警戒，警惕。⑭ 无进：没有进步。⑮ 致：极，后一句中的"致"也是这个意思。恶：厌恶。非：批评。⑯ 不肖：不才，无能。贤：认为(自己)有贤能。⑰ 贼：把(自己)看作贼人。⑱ 争：通"诤(zhèng)"，用直言劝告，使人改正错误。疏：疏远。⑲ 修正：改正规劝。笑：讥笑。⑳ 至：甚至。㉑"噂(xǐ)噂呰(zǐ)呰"六句：此处引诗出自《诗·小雅·小旻》。噂噂，附和的样子。呰呰，同"訾訾"，诋毁、诽谤的样子。孔，很，十分。臧(zāng)，好，善。具，俱，都。依，听从。

今译

看到善良的行为，一定要严正、恭谨地拿它来省察自己，反思自己是否也有这样的善行；看到不好的行为，一定要心怀恐惧地拿它来反省自己，反思自己是否也有这样不好的行为。自己身上的善良品行，一定要坚守它，使自己始终拥有善良的品行；自己身上的不善品行，一定要像灾祸就在身上那样地厌恶它、抛弃它。所以，虽然批评我，但是却说得恰当的人，就是我的老师；赞誉我并且赞同得恰当的人，就是我的朋友；阿谀奉承我的人，就是想害我的贼人。所以君子尊崇老师并且亲近朋友，对于那些阿谀奉承的人则深恶痛绝。爱好善良的品行而永不满足，听到别人的规劝就能引起自己的警惕重视，(这样做的话)即使想不长进也不可能啊！

　　小人却正好与这样的做法相反，自己极为混乱，却还厌恶别人批评自己；自己极其无能，却希望别人认为他是有贤能的；自己的心地像虎、狼一样残忍，行为如同禽兽一般凶恶，却厌恶别人把他看作贼人。亲近那些阿谀奉承自己的人，疏远那些对自己直言相谏、规劝自己改正错误的人，把规劝自己改正错误的行为看作是讥笑，甚至把直言劝谏的忠诚的人看成是害自己的人，这样的人即使想不灭亡也不可能啊！《诗经》说："附和那些阿谀奉承的人，诋毁那些直言诤谏的人，这是多么可悲的情形啊！好的意见统统不听，不好的意见却全部听从。"就是说的这种小人。

释义

　　孔子也曾经说过类似的话："见贤思齐焉，见不贤而内自省也。"这便是荀子所主张的学习的态度："见善修然，必以自存也；见不善愀然，必以自省也。"

　　君子和小人的区别，就在于对待真理的态度不同。忠言逆耳利于行，君子明白这样的道理，所以认为"非我而当者，吾师也"，小人却不明白这个道理，长久下去，小人的身边就再也不会有诤友了。同样的，小人对待别人也不会有真心的劝谏，这就是孔子所说的"巧言令色鲜矣仁"啊！

　　所以，君子志学，一定要有时时刻刻反思自己的态度。对于批评和赞誉，人如果能够保持清醒的头脑，就不会受到蒙蔽。人如果能够保持这样一种不断反思自己、省视自己的清醒姿态，是不会没有进步的。

不 为 不 成

原文

厌①其源、开其渎②,江河可竭;一进一退,一左一右,六骥不致③。彼人之才性之相县④也,岂若⑤跛鳖之与六骥足哉?然而跛鳖致之,六骥不致,是无它故⑥焉,或⑦为之或不为之耳。

道虽迩⑧,不行不至;事虽小,不为不成。其为人也多暇日⑨者,其出人⑩不远矣。

——《修身》(节录三)

注解:① 厌(yā):塞,这个意思又可以写作"压"。② 渎(dú):小水沟,小水渠。③ 六骥(jì):指驾车的六匹骏马。致:到达。④ 县:同"悬",悬殊。⑤ 若:比得上。⑥ 是:这。故:缘故。⑦ 或:有的。这里指跛鳖。后一句中的"或"指六骥。⑧ 迩:近。⑨ 多暇日:指懈怠,无所事事。暇日,空闲的日子。⑩ 出人:超出常人。

今译

如果堵塞住源头,并且开通沟渠,那么即使是长江、黄河也会枯竭;行路时一会儿前进,一会儿后退,一会儿向左,一会儿向右,那么即使是骏马也到达不了远处。人和人之间在才性上的差异,哪里会有跛足的鳖和骏马的差异那么大呢?然而跛足的鳖能够到达远处,骏马却不能到达远处,这其中并没有其他的原因,只是因为跛足的鳖努力地赶路,而骏马没有奋力奔跑啊!

所以,道路虽然近,但是如果不走,就不可能到达终点;事情虽然小,但是如果不做,就不会成功。那些整天夸夸其谈、无所事事的人,他们的成就是不会超出常人多少的。

释义

"道虽迩,不行不至;事虽小,不为不成。"从自然现象中,荀子发现了"或为之或不为之耳"的不同结果,其决定因素就是一个字"为"。

鲁迅在《为了忘却的记念》中有一段描写柔石的话,表达了同样的认识:"他(柔石)终于决定地改变了,有一回,曾经明白的告诉我,此后应该转换作品的内容和形式。我说:这怕难罢,譬如使惯了刀的,这回要他耍棍,怎么能行呢?他简洁的答道:只要学起来!"

可见,追求理想,光有想法是不够的,还要有实际行动。而且只要有了行动,坚持不懈地做下去,就有了成功的可能。相反,那些整天夸夸其谈的人,就算他有再大的志向,也是不可能成功的。

千里之行,始于足下。求道之途,始于足下。

不 受 蒙 蔽

原文

孔子仁知①且不蔽②,故学乱术③足以为先王者也。一家④得周道⑤,举⑥而用之,不蔽于成积⑦也。故德与周公⑧齐,名与三王⑨并,此不蔽之福也。

——《解蔽》(节录三)

注解:①知:同"智",智慧。②蔽:受蒙蔽。③学乱术:学术思想和治理国家的方法。乱,治理。④一家:指孔子。⑤周道:所有的道义。周,全面。⑥举:推荐,推崇。⑦成积:已有的知识,平时所积累的成见。⑧周公:西周初期的政治家,名姬旦,是圣贤的典范。⑨三王:三代开国之王,指夏禹、商汤、周文王和周武王。

今译

孔子仁德明智而且能够不被蒙蔽,所以他的学术思想和治理国家的方法,足够和以前的圣王相媲美。只有孔子这一学派对道义掌握得周道全面,推崇并运用它,并且能够不被已有的知识所蒙蔽。所以他的德行与周公是齐名的,他的名声和夏禹等三代的圣王可以相提并论,这就是不被蒙蔽的幸福啊。

释义

有时候,我们学得越多,所受的蒙蔽也就越多。因为我们往往无法准确地认识所学的知识,从而受到约束和影响。比如,学习错误的东西,必然会将我们引向歧途,这是一种受蒙蔽。再如,只是接受前人的思想,而自己不加以体会和思考,就无法根据现实状况做出判断和选择,这也是一种受蒙蔽。孔子之所以能够不被蒙蔽,关键在于他能够不被已有的知识所蒙蔽,熟练地掌握和运用道义。所以,学什么和怎么学,都是很重要的。

第二单元

化性起伪

　　"化性起伪"的意思是变化先天的本性,兴起后天的人为。荀子对人的本性有比较现实的认识,他认为食色喜怒等是人的先天性情,不论"君子""小人"都一样拥有这样的天性。而仁义,则是人在后天通过学习、修为而获得的。所以,荀子提出了"伪"的概念。荀子认为,性和情是天生的,人不可干涉,也不应该干涉;但人的思维方式、行事风格却完全取决于人,应该由人自己承当,通过人的后天学习、修为来改变自己天性中的弱点,对此,"天"也同样无法干预。

　　本单元从"人性本恶、欲不可去、善者伪也、礼乐相合、以礼化性"这五个主题,阐述了荀子的"化性起伪"思想。

人性本恶

欲不可去

善者伪也

礼乐相合

以礼化性

人性本恶

原文

世俗之为说者①曰："'尧、舜不能教化②。'是何也？曰：'朱、象③不化。'"是不然也。尧、舜，至④天下之善教化者也，南面而听⑤天下，生民之属莫不振动从服以化⑥顺之。然而朱、象独⑦不化，是非尧、舜之过，朱、象之罪也。尧、舜者天下之英⑧也，朱、象者天下之嵬⑨、一时之琐⑩也。今世俗之为说者不怪朱、象而非⑪尧、舜，岂不过⑫甚矣哉？夫是之谓⑬嵬说。

——《正论》（节录一）

注解：①世俗之为说者：世上流传的说法。②不能教化：不能教育、感化人。③朱：尧的儿子，封于丹，故又称朱丹，传说他为人不守忠信而又好争辩，所以尧不传位给他而让给舜。象：舜的异母弟弟，传说他曾多次谋杀舜。④至：最，极。⑤南面：朝南坐，指称帝。古代以坐北朝南为尊位，所以天子、诸侯见群臣，或者卿大夫见僚属，都是面朝南面而坐。听：听政，治理。⑥生民：百姓。属：类。振动：受震动，畏惧。从服：听从归顺。化：被感化。⑦独：唯独。⑧英：英豪。⑨嵬（guī）：通"傀"，怪诞，怪异。⑩琐：鄙陋庸俗。⑪非：责备。⑫过：错。⑬是之谓：这就是，这就叫作。

今译

现在世上有这么一种流传的说法："尧、舜不能教育、感化人。为什么会有这样的说法呢？答：因为朱、象就是没有得到教化的人。"这种说法是不对的。尧、舜是普天下最善于进行教化的人了，他们面朝南坐，治理天下，所有的民众无不畏惧他们、听从他们、归顺他们，以至于被感化而顺从他们。然而唯独朱、象没有得到教化，这不是尧、舜的过错，而是朱、象的罪过。尧、舜是天下的英豪，朱、象则是天下少有的怪人、庸人。按照今天世俗的说法，不怪罪朱、象却责备尧、舜，不是错得太厉害了吗？这就叫作奇谈怪论啊。

释义

客观地说，每个人的本性中都存在缺点，在一定条件下，这种缺点会被放大，影响一个人为人处世的态度，这就是荀子所说的人性的"恶"。

但同时，荀子认为这种天性中的恶是可以被改变的，改变恶的力量就来自于后天的教育影响。人类社会发展进化的过程，就是一个不断学习、不断改变的过程，所以整个人类的主流价值观还是积极向善的，可见，后天的教化和努力可以改变人的天性。

但是，如果人在后天不愿意接受教化，努力改变自己，那么，那些天性中的缺点就永远潜伏在那里，最终会暴露出来。这样的人，即使平日里看上去道貌岸然，到关键时刻就会露出马脚，所谓的美好德行也就无从谈起了。

所以，人本性中的缺点是否能够被改变，关键在于人自身。

而且，凡事都有偶然和例外的情况，朱、象这样的人就是偶然出现的怪民、小人。如果将他们的过错归罪到尧、舜的身上，就此认为"尧、舜不能教化"，否定尧、舜的作用，那不是将尧、舜本身美好的德行，以及他们对天下人的教化影响都一笔抹杀了吗？看待问题应该全面,只抓住一两个特殊情况,是不具有代表性和说服力的。

原文

羿、蠭门①者,天下之善射者也,不能以拨弓曲矢中微②;王梁、造父③者,天下之善驭者也,不能以辟马毁舆致④远;尧、舜者,天下之善教化者也,不能使嵬琐化⑤。何世而无嵬,何时而无琐,自太暤、燧人⑥莫不有也。

——《正论》(节录二)

注解:① 羿:后羿,传说中擅长射箭的人。蠭(fēng)门:就是"逢蒙",相传是夏代擅长射箭的人,曾经跟后羿学习射箭。② 以:借助,用。拨弓:不正的弓。曲矢:弯曲的箭。中(zhòng)微:射中微小的目标。③ 王梁:就是"王良",传说中善于驾车的人。造父:传说中周穆王的车夫,善于驾车。④ 以:借助。辟:通"躄(bì)",腿瘸。毁舆:坏车。致:到达。⑤ 嵬(guī):通"傀",怪诞,怪异。琐:鄙陋庸俗。化:受到感化。⑥ 太暤(hào):伏羲,传说中东方部落的首领。燧(suì)人:传说中火的发明者。

今译

后羿、逢蒙是天下最善于射箭的人了,他们也不能用不正的弓、弯曲的箭射中微小的目标;王良、造父是天下最善于驾车的人,他们也不能驾着跛足的马、赶着坏车到达遥远的地方;尧、舜是天下最善于教化的人,他们也无法让怪人、庸人得到感化。哪个时代没有怪人,哪个时代没有庸人,从上古伏羲、燧人的时候起就有了啊。

释义

　　人的天性不是一定能够被改变的,正如用"拨弓曲矢"永远不可能射中微小的目标,驾着"辟马毁舆"也永远不可能到达远方。

　　如果人的天性中存在的问题并不是顽固不化的,而且这个人愿意接受后天的教化,那么,他天性中坏的那一面就能够被改变,善的那一面就能够被激发出来。

　　而人的天性中如果存在着像"拨弓曲矢""辟马毁舆"那样难以改变的缺点,或者是这个人不愿意接受教化,那么,他的天性就是不可能被改变的,即使遇到了尧、舜那样的人也没有用! 所谓"谋事在人,成事在天",要想改变一个人的天性,也要看这个人是否能够被改变!

欲 不 可 去

原文

　　性者天之就①也,情者性之质②也,欲者情之应③也。以欲为可得④而求之,情之所必不免也。以为可而道⑤之,知所必出⑥也。故虽为守门,欲⑦不可去,性之具⑧也。虽为天子,欲不可尽⑨。

——《正名》(节录一)

注解：①就：这里是生就的意思。②质：实质内容。③应：感应。④以……为：认为，以为。可得：可以得到。⑤道：这里是做的意思。⑥知：通"智"，智慧。出：这里是选择的意思。⑦欲：欲望。⑧具：具备，具有。⑨尽：完全去除。

今译

天性，是人天生就具备的东西；情感，是天性中的实质内容；欲望，是情感对外界事物的感应。以为自己所追求的东西是可以获得的，所以就去追求它，这是人之常情，必然无法避免。以为某件事是可以做的，所以就去做，这是人的智慧所能做出的必然选择。所以，即使是低贱的守门人，也不可能没有欲望，这是人天性中本来就具备的东西。即使贵为天子，也不可能完全去除欲望的影响。

释义

人不可能没有欲望。刚刚出生的孩子，饿了会哭，冷了也会哭，只有吃饱穿暖了，小孩子才会安睡，这就是在追求饱暖之欲。这是人类生存下去的本能。

等到长大些，人就有了情感的需求，比如感到孤独了，就会希望与众多朋友交往，带给自己安慰和内心的充实。再长大些，人就会有实现个人价值的欲望，渴望事业成功、拥有一定的社会地位。这些都是人之常情，是人的自身成长、成熟的过程中必然会产生的想法。所以荀子认为，对于人来说，"欲不可尽"。

既然"欲不可尽"，那么，如果一味地想要抑制它，就成了违背自然规律的做法。这样做，生命个体是无法延续下去的，人类社会也不可能有进步和发展。

　　所以，荀子认为欲望是人天性中根深蒂固存在着的东西，人们不可能依靠自己的力量去除它，只能依靠礼义制度来约束它，使人在满足自己欲望的过程中不伤害他人的利益。圣人与小人之间的差异，恐怕就在于是否愿意接受约束吧。

原文

　　今人之性，饥而欲饱，寒而欲暖，劳而欲休，此人之情性也。

——《性恶》（节录三）

今译

　　人的本性表现为，饿了就想吃饱，冷了就想穿暖，累了就想休息，这些都是人的常情和天性啊。

释义

　　"饥而欲饱，寒而欲暖，劳而欲休"，无论是圣明的大禹还是荒淫的夏桀，都会有这些感觉和欲望，可见，这些欲望是人的天性。那么，克制这些欲望，就是违背人的本性。

　　所以，一个人是否能够提高自身修为、达到高尚的道德境界，并不取决于他是否能够克制自己的本性欲望，关键在于一个人是否能够节制那些过分的欲望，避免因为追求无法满足的欲望而引起争夺和混乱。

　　同时，因为"欲饱""欲暖""欲休"之类的欲望是人的天性，所以不回避人对这些正常欲望的追求，就能够使人的生活越来越好。在正视人的本性欲望的前提下，人必然更愿意接受礼义的约束,愿意向善。这不是比一味地克制人的欲望要更好吗?

原文

　　若夫^①目好^②色,耳好声,口好味,心好利,骨体肤理好愉佚^③,是皆生^④于人之情性者也,感而自然^⑤,不待事^⑥而后生之者也。夫感而不能然,必且待事而后然者,谓之生于伪^⑦,是性、伪之所生^⑧其不同之征^⑨也。

——《**性恶**》(节录四)

　　注解:① 若夫:句首发语词。② 好:喜爱。③ 骨体:身体。肤理:皮肤的纹理。愉佚:安逸。佚,同“逸”,安逸、安闲。④ 生:出自。⑤ 感:有感受。自:自然而然。然:形成。⑥ 待:依靠。事:人为的努力。⑦ 伪:人为。⑧ 性、伪之所生:“性”所生的就是“目好色”等天性,“伪”所生的就是礼义、法度等后天形成的约束力。⑨ 征:验。

今译

　　眼睛爱看美丽的形象,耳朵爱听好听的音乐,嘴巴爱吃美味的东西,内心期待追求财富利益,身体喜欢舒适安逸的状态,这些全都是出自于人的天性和常情,只要有感受就会自然而然地形成,不需要依靠后天人为的努力就会产生的。那些有了感受之后却不能自然形成,需要依靠后天人为努力才能形成的,就叫作产生于人为。所以,先天就有的天性与通过后天人为努力所产生的东西,他们的区别就是这样验证的。

释义

现在有一种普遍的看法：人生活在世上有多方面、多层次的需求，从低到高依次是生理需求、安全需求、情感需求、尊重需求和自我实现需求。上面所提到的"目好色，耳好声，口好味，心好利，骨体肤理好愉佚"就属于这些需求。其中包含人吃饱穿暖的生存欲望，希望身体更舒适的需求，也包括人的审美需求，这些需求都出于人的本性。就好比人在辛勤劳作之后，皮肤会变得粗糙干裂，人的"骨体肤理"就会"好愉佚"，这是人正常的生理和心理反应，不用人去特意做些什么，就会自然地发生。

但是，如果不加以节制，人的这种感受和需求就会无限增长，人就是这样开始贪图享乐的。对于过分享乐的节制，就是荀子所说的"感而不能然"的事情。因此，要想节制过分享乐的欲望，只有依靠人为的努力，依靠人对道德的追求来实施，依靠一定的礼义制度来保障。荀子所说的"伪"就是人为的改变。

善 者 伪 也

原文

人之性恶，其善者伪①也。

今②人之性，生而有好利焉，顺是，故争夺生而辞让亡③焉；生而有疾恶④焉，顺是，故残贼⑤生而忠信亡焉；生而有耳目之欲有好声色焉，顺是，故淫乱生而礼义文理⑥亡焉。

然则从⑦人之性、顺人之情，必出于争夺，合于犯分乱理而归于暴⑧。故必将有师法之化⑨，礼义之道⑩，然后出于辞让，合于文理，而归于治⑪。用此观之，然则人之性恶明矣，其善者伪也。

——《性恶》（节录六）

注解：① 伪：人为。这里指能够勉励矫正人天性中恶的行为。② 今：发语词。③ 辞让：谦逊推让。亡：消失。④ 疾恶（wù）：嫉妒，憎恨。疾，通"嫉"。⑤ 残贼：凶残暴虐的人。⑥ 文理：条理，秩序。⑦ 从：通"纵"，放纵。⑧ 合：合理，自然。犯：违反。分：名分，等级。乱：破坏。理：礼义。归：导致。暴：动荡，暴乱。⑨ 师法之化：老师和法制的教化。⑩ 道：同"导"，引导。⑪ 治：社会安定。

今译

人的本性是恶的，人所有的善良行为都只是一种后天人为改变的结果。

人的天性，生来就喜好追求利益，顺着这种天性，就会产生争抢掠夺的情形，谦逊推让的风气就会消失；人生来就会有嫉妒、憎恨的心理，顺着这种天性，就会产生凶残暴虐的人，忠诚信实的人就会消失；人生来就有耳朵、眼睛享受的贪欲，喜欢听好听的声音，看美丽的形象，顺着这个天性，就会发生淫乱的事情，那么礼义秩序就会消亡了。

既然这样，那么放纵人的天性，顺着人天生的性情，就一定会造成争抢掠夺的情形，自然而然地出现违反等级名分、破坏礼义的事情，最终导致社会的动荡。所以，一定要有老师和法制的教化、礼义的引导，然后才能出现谦逊推让的社会风气，才能使社会风气与礼义秩序相符合,最终达到社会安定的结果。从这点上看,那么,人性本来是恶的,这是很明白的,人性中善良的因素只是后天人为的作用。

释义

孟子主张人性本善,认为人天生就有"恻隐、羞恶、辞让、是非"之心,所以人只要保持自己天性中的善良,就能够成为贤者。

但是荀子认为,人生来就有对各种欲望的追求,人类这种好欲、逐利的本性与"辞让、忠信、礼义"等善良的价值观,从根本上是对立的。如果顺从人的本性,社会就会陷于混乱。人性本身不能产生美和善,美和善只可能产生于后天的"伪",也就是人为的努力。所以,荀子说"其善者伪也"。

荀子所说的人性,其本质恰恰是"本始材朴"的自然之性,这种自然之性无所谓善恶,它既有转化为恶的可能,也有发展为善的机会。"性恶"之"恶"就其本义而言,是指人类作为一种生物,本来就具有的生存本能。既然是生存的本能,就没有必要否定它、回避它。所以,荀子对人性的这种认识,只是没有回避人类的本能罢了,从这一点来说,荀子是能够直指人的本性的。

荀子还认为,人的欲望是很难得到彻底满足的。而一旦欲望得不到满足,人们就会不断地追逐利益,而这种追逐往往是没有止境的,这样,人与人之间必然会产生矛盾、产生利益的争夺,国家和社会的混乱也就由此而生了。

在荀子看来,先王为了避免这种混乱而建立了"师法之化、礼义之道",也就是用教育和法制来影响人,规范人的行为,矫正人的天性,使人都能够"出于辞让,合于文理",进而达到社会的和谐安定。

所以,荀子认为人性本恶,并不意味着荀子准许人随意作恶。荀子期待的是通过人后天的努力去改变人的本性,达到

"善"的境界。从这个理想来看，荀子和孟子是一致的。

原文

　　孟子①曰："人之学者②，其性善。"曰：是不然。是不及③知人之性，而不察④乎人之性伪之分⑤者也。凡性者，天之就也，不可学，不可事⑥；礼义者，圣人之所生⑦也，人之所学而能⑧，所事而成⑨者也。不可学、不可事而在人⑩者谓之性，可学而能、可事而成之在人者谓之伪，是性、伪之分也。

——《性恶》（节录七）

　　注解：① 孟子：孟轲，战国中期儒家的代表人物。"孟子道性善，言必称尧舜"，认为人天性本善，但这种天性后天会丢失，所以学习的目的就在于保持人善良的本性。这里所引的话，在现在版本的《孟子》中找不到，但是《孟子·告子上》说："人无有不善"，"学问之道无他，求其放心而已矣"，意思和这里的引语相似。② 人之学者：人需要学习。"之""者"无实义。③ 及：达到，够。这里是真正的意思。④ 察：了解。⑤ 分：区别。⑥ 事：做，人为。⑦ 生：制定。⑧ 学而能：通过学习可以得到。⑨ 事而成：通过人为努力可以做成。⑩ 在人：取决于自己。

今译

　　孟子说："人之所以需要学习，是因为人本性是善良的。"我说：这是不对的。这是没有真正认识人的本性啊，并且没有真正了解人的先天本性和后天人为之间的区别。本性是指天生就有的,无法通过学习和后天的人为努力而获得的东西;而礼义,则是圣人制定出的,可以通过学习和后天人为努力而做到的。人身上不可能学到、不可能经过人为努力而获得的东西,出于天生的,叫作天性;人身上可以学会、可以通过人为努力而做到的,取决于人自己的东西,叫作伪。这就是先天本性和后天人为的区别。

释义

孟子与荀子都是先秦儒学的大家,但他们二人对于人性的认识却截然相反。那么,究竟谁的观点能够代表儒家的思想?

其实,孟子所持有的"性善论"与荀子所持有的"性恶论",观点虽然相反,但其核心的主张却是一致的。

首先,孟子和荀子对人性的认识最终都归结为对"仁"的追求上。儒家思想的发展,从孔子开始,有一个由"仁"向"义""礼",最终向"法"过渡的流变过程。在这个过程中,孟子主张人性本善,主张人生的追求应该与"义"相联系,提倡"舍生取义"的精神;而荀子主张人性本恶,主张人的发展应该与"礼"相联系,主张人应该通过接受教育的影响和法制的约束达到善的境界。所以,"性善"与"性恶"看上去针锋相对,实则它们的核心都反映了儒家对"仁"的追求。

其次,孟子和荀子都强调后天的实践,强调人为努力的重要作用,在这点上两者是一致的。孟子和荀子都认为人的天性不是不可以改变的。所以"性善"和"性恶"只是两位先贤展开逻辑论证的不同前提罢了。

孟子期待的"义"是人先天就葆有的,这就是"性善"的由来。但是,先天虽有,后天也有可能会失去。在《鱼我所欲也》里,孟子说"人皆有之,贤者能勿丧耳",指的就是人都能拥有舍生取义的精神,但是只有贤者才能保持不失。因而君子需要不断地学习,使自己保持已有的仁义道德。

　　荀子认为,仁义虽然并不在天性天情之中,不是人天生就拥有的,但是君子能够"化性起伪","强学而求有之"。正如《劝学》里所说的"君子生非异也,善假于物也",君子和普通人相比,只是善于借助外界的力量来矫正自己的天性罢了。这样,先天没有的仁义之心,后天也可以具备了。

原文

　　故圣人之所以同于众其不异于众者,性也;所以异而过①众者,伪也。

——《性恶》（节录八）

　　注解：① 过：超过。

今译

　　因此,圣人和一般人相同、和众人没有什么不同的地方,是先天就有的本性;圣人和一般人不同、超过一般人的地方,是后天的人为努力。

释义

　　在荀子看来,人是否能够改变天性,超越普通人而成为圣人,就在于一个"伪"字。圣人和一般人在天性上是没有什么区别的,每个人都有欲望,但是普通人很难做到对欲望加以节制,从而使自己被本性所困扰,甚至使国家陷入无休止的争斗和混乱之中。只有圣人能够依靠礼义法度来约束自己,形成道德的力量。

可见，人与人之间的差别就在于是否拥有道德的力量，超越天性对人的影响。对于今天的许多中国人来说，是以天性为借口，一味地顺应贪婪的欲望，还是以"善"为追求的目标，约束、克制自己的欲望，是值得深思的问题啊！

礼 乐 相 合

原文

且乐也者，和①之不可变②者也；礼也者，理③之不可易④者也。乐合同⑤，礼别异⑥。礼乐之统⑦，管⑧乎人心矣。穷本极变⑨，乐之情⑩也；著诚去伪⑪，礼之经⑫也。

——《乐论》（节录一）

注解：①和：和谐。②不可变：根本要素。③理：礼义制度。④易：改变。⑤合同：和谐，同心同德。⑥别异：区分不同的上下等级。⑦统：总体，总括。⑧管：约束。⑨穷：穷究，深入到极点。本：人心。极：达到最高限度。变：指哀乐的变化。⑩情：本质。⑪著：深入。伪：虚伪。⑫经：原则。

今译

音乐，是使人心和谐的根本要素；礼，是保证礼义制度得到施行的原则。音乐能够使人们和谐相处、同心同德，礼能够使人们区分出不同的上下等级。总括起来看，礼和乐共同的关键作用是能够约束人心。来源于人内心的最深处，又能够完全表达人的情感变化，这是音乐的本质特征；能够深入表达人的真诚，同时又能够去除虚伪的感情，这是礼的原则。

释义

乐和礼，看上去似乎没有什么关联。人在高兴或悲哀的时候，总是会不由自主地歌唱、舞蹈，所以音乐讲究的是自然而充分地表达感情，不应该有所隐瞒和掩饰，也无法做些隐瞒和掩饰的事情。因为音乐是来自于人内心最深处的真实感情的表达，这就是荀子所说的"穷本极变，乐之情也"，可以说，音乐反映了人的天性。

而礼讲究的是约束和制裁，坚持礼义就会违背人的天性，但是却一定能够将人引向真、善、美的一面。

所以，礼和乐相结合，就能够充分发挥两者的特点。音乐源自于人的内心，代表人的天性；礼义则符合人类社会的行事准则，约束人的天性。这两者如果能够恰当地结合，就能够做到既真实地表达人的感情，又符合社会的道德标准；既符合礼义制度的要求，又不会过于虚伪，让虚假的形式掩盖了真实情感的表达。所以，在礼义制度的施行中，音乐的恰当运用是极其重要的一个因素。

以礼化性

原文

故曰：性者，本始材朴①也；伪者，文理隆盛②也。无性则伪之无所加③，无伪则性不能自美④。性伪合⑤，然后圣人之名一⑥，天下之功于是就⑦也。

故曰：天地合⑧而万物生，阴阳接⑨而变化起，性伪合而天下治。天能生物，不能辨⑩物也；地能载⑪人，不能治人也；宇中万物、生人⑫之属，待圣人然后分⑬也。

——《礼论》（节录一）

注解：① 本始：原本，本来。材朴：材质。朴，未加工过的木材。② 文理：礼义法制。隆盛：盛大。③ 无所加：没有地方施加。④ 自美：自己变得美起来。⑤ 合：结合。⑥ 一：成就。⑦ 就：完成。⑧ 合：和谐。⑨ 阴阳接：阴、阳两种气相互作用。古代思想家认为宇宙万物都是由阴、阳这对通过相反相成的相互作用所产生的"和气"构成的，阴阳二气是不断运动着的，它们通过相互作用而化成万事万物。接，接触，这里是相互作用的意思。⑩ 辨：通"办"，治理，办理。⑪ 载：承载，养育。⑫ 生人：人类。⑬ 分：等分。指贵与贱的等级差别，父与子、男和女的区别。

今译

所以说：本性，指的是人天生就拥有的材质；后天人为的努力，指的是盛大的礼义法制。没有本性，那么礼义法制就没有地方可以施加；没有后天人为的努力，人原本恶的天性就不可能自己变得美起来。先天本性与后天人为努力结合之后，才能成就圣人的名声，才能完成统一天下的功业。

所以说：只有天地和谐，万物才能生长；阴阳二气相互作用，世界才会有变化；人的天性与后天的礼义法制相结合，天下才能得到治理。上天能孕育万物，却不能治理万物；大地能养育人类，却不能治理人类；宇宙间的万物和人类，必须等到圣人制定礼义法制之后，才能各处其所，安守各自的等级位分。

释义

在荀子的理论中，人生来就有好利之心、嫉妒之情、耳目之欲，饿了就想吃，冷了就想穿，累了就想休息，这是人的本性。但是，如果只是一味地顺应人的本性，人与人之间就难以做到相互谦让，百姓不会安心于勤劳耕作，臣子不会对君主忠诚，社会就会发生动荡。

所以，人性本身不是美和善的，人们理想中的美和善只能产生于后天的"伪"。荀子所说的"伪"，指的是人类后天的教化和努力。当人们认识到，天地只能提供万物和人类生长的条件，却并不拥有管理好万物和人类的能力时，人们就需要寻找可以改变这一切的事物，荀子找到的是"礼"。我们也可以这样理解：荀子所说的"伪"的核心内容就是礼。

荀子所说的礼，就是"贵贱有等，长幼有差，贫富轻重皆有称者"的状态，也就是荀子理想中上下有别、尊卑有序的制度。

在荀子看来，只有制定礼法，并且严格按照礼法治理国家，用礼义来约束人性，使人能够克制天性中自然存在的好利之心、嫉妒之情、耳目之欲，万物才能各得其所，各个阶层等级的人才能够安心处于自己的位置，做自己应该做和能够做的事情，这样的国家才是稳定和谐的。

原文

故枸木必将待檃栝烝矫然后直①，钝金必将待砻厉然后利②。今人之性恶，必将待师法③然后正，得礼义然后治。今人无师法则偏险④而不正，无礼义则悖乱⑤而不治。

古者圣王以人之性恶，以为偏险而不正，悖乱而不治，是以⑥为之起⑦礼义、制法度，以矫饰⑧人之情性而正之，以扰化⑨人之情性而导⑩之也，始⑪皆出于治⑫、合于道⑬者也。

今之人，化师法⑭、积文学⑮、道礼义⑯者为君子；纵性情、安恣睢⑰而违礼义者为小人。

——《性恶》（节录九）

注解：①枸（gōu）：弯曲。檃（yǐn）栝（kuò）：矫正弯曲木头所用的工具。烝（zhēng）：用火烘烤，这是为了使被矫正的木材柔软以便于矫正。直：变直。②钝金：不锋利的刀剑等。金，指金属器物，指有锋刃的武器或工具。砻（lóng）：磨。厉：后来写作"砺"，磨。利：锋利。③师法：指老师和法制的教化约束。④偏：偏邪。险：邪恶。⑤悖（bèi）乱：昏乱。

⑥ 是以：因此。⑦ 起：建立。⑧ 矫：纠正。饰：修，整治。
⑨ 扰：驯养。化：教化。⑩ 导：引导。⑪ 始：这里是"使"的
意思。⑫ 出于治：得到治理。⑬ 合于道：符合道的要求。
⑭ 化师法：受老师和法度的教化。⑮ 积文学：积累文化知
识。文学，指诗、书等六艺之文。⑯ 道礼义：遵守礼义。
⑰ 安：安于，指任意、放心地去做某事。恣（zì）睢（suī）：胡作
非为。

今译

所以，弯曲的木料一定要经过烘烤、用工具矫正之后，才
能变得挺直；钝的刀剑必须要经过磨砺，然后才能变得锋利。
现在的人，本性是恶的，那就一定要等他受到师长和法制的教
化之后，才可能变得人品端正；（人类社会）要得到礼义的教
化，才能被治理好。如果人们没有受到师长和法制的教化，就
会行为偏邪、品行不端正；如果人类社会没有礼义的约束，就
会昏乱、不安定。

古代圣明的君王认为人的本性是恶的，认为人性是偏邪、不
端正的，（认为社会是）昏乱、不安定的，所以为人们建立起礼义、
制定了法度，用来矫正和整治人的天性，从而使人性能够变得端
正，用来驯服教化人的天性，从而使人性得到正确的引导，使人
们都受到治理，行为符合正确的道德原则。

现在的人，如果受到师长和法度的教化，积累了文献经典方
面的知识，举止行为遵守礼义法度的要求，那就是君子了；如果
放纵自己恶的本性，任意地胡作非为，违背礼义法度的要求，那
就是小人了。

释义

自然界中的万物和人一样，天然地存在相对立的两面。木

材中有"直木",就一定会有"枸木";刀剑中有"利金",也就一定会有"钝金"。那么,既然"枸木"和"钝金"经过矫正、磨砺之后就能成为有用的材料,对人的培养也是同样的道理了。人的本性中恶的一面是必然存在着的,如果不对此加以教化矫正,人性就无法走上正道。这个矫正的过程不可能依靠人自身的力量来完成,只能依赖师长的教化和法制的约束才能使自己的身心修养得到提高和完善。所以,礼义教化是一种外在的人为力量,可以矫正人的天性。

从表面上看,荀子认为人性本恶似乎是低估了人的精神境界,实际上恰好相反。照荀子所说,凡是没有经过教化的事物都不会是善的、美的,因为任何事物在本性中都有不善的因子。但是,人类社会有其特有的社会关系和礼义制度,这些使得人和禽兽能够区别开来。所以,人必须要有道德力量,并不是因为人无法躲避它,而是因为人应当具备这种力量。荀子对人性的认识充分强调了人的精神力量。

那么,人怎样才能改变天性中的不足,成为拥有美和善的德行的人?第三段文字给我们指出了努力的方向:"化师法、积文学、道礼义"。首先是学习,向德行崇高的老师学习,心甘情愿地接受礼义制度的约束和影响,这样,人就能够找到学习的榜样。其次是读书,虽然在这里"积文学"的意思是积累文献经典方面的知识,但是读书并不只是为了学得知识,更重要的是为了在学习的过程中接受前代先贤的影响,从而能够自觉地向善。最后也是最重要的,是要用自己的实际行动实践道义。

如果能够将思想学习和实际行动相结合,那么,人性中的不足也是可以改变的。

原文

夫好利而欲得①者,此人之情性也。假②之人有弟兄资财而分③者,且④顺情性,好利而欲得,若是则兄弟相拂⑤夺矣;且化礼义⑥之文理,若是则让⑦乎国人矣。故顺情性则弟兄争矣,化礼义则让乎国人矣。

——《性恶》(节录十)

注解:① 欲得:希望得到利益。② 假:假如。③ 弟兄资财而分:兄弟分财产。④ 且:如果,下文"且化礼义之文理"中的"且"也是这个用法。⑤ 拂:违戾,不顺。⑥ 化礼义:受到礼义的教化。⑦ 让:礼让。

今译

贪图利益,希望得到利益,这是人之常情和天性。假如有弟兄二人分财产,如果顺着人贪图利益、希望得到利益的天性,那么兄弟之间就会反目为仇、互相争夺了;如果他们受到礼义的教化,那么,他们就是对国家中的一般人也会守礼谦让的。所以,顺着人的天性(处事),就会出现兄弟相争的情形;受到礼义教化的影响,即使对一般人也会守礼谦让啊。

释义

在今天的社会现状下来读上面这段文字,会显出一种特别强烈的现实针对性。有多少兄弟为了金钱反目成仇,有多少家庭为了财产闹上法庭,这其中不乏所谓的有知识、有文化的人。所以,读书多并不等于道德水准就高、自我约束能力就强,关键还是要看这个人是否能够通过学习来改变自己的天性,约束自身对欲望的追求。如果一个人只是学到了书本知识,却在现实生活中任意地放纵自己,为了争夺利益而斯文扫地、胡作非为,那这书真是白念了!

第三单元
隆礼重法

　　荀子是第一个将儒、法合流的思想家。他从"化性起伪"、改造人性的目的出发，继承、发展和修正了儒家的"礼治"与法家的"法治"，并以"礼"为主，使礼、法统一起来，形成了"隆礼重法"的思想。

　　荀子"隆礼"中的礼不同于儒家传统中的礼。儒家传统中的"礼"是维护宗法制和世袭制的礼，而荀子的"礼"则是用来维护封建等级制度的礼，荀子对传统儒家的礼是有所改变和发展的。

　　荀子"重法"中的法也不同于法家传统中的法。法家传统中的"法"是指严刑峻法、暴力镇压，而荀子则强调"法者，治之端也"的命题，把法看成是治理国家的首要条件，认为合理的法制制度是可以引导人们向善的一种社会环境。

　　本单元从"礼之本源、天地至境、好礼遵法、隆礼未明、国必有礼、听政以礼"这六个主题，介绍了荀子思想中礼与法的关系。

礼 之 本 源

原文

礼有三本①：天地者，生之本也；先祖者，类②之本也；君师③者，治之本也。无天地恶④生？无先祖恶出？无君师恶治？三者偏亡⑤焉，无安人⑥。故礼，上事⑦天，下事地，尊先祖而隆⑧君师，是礼之三本也。

——《礼论》（节录二）

注解：①本：根本，本源，基础。②类：种族，族类。③君师：天子。古代君、师都是被尊敬的人，所以常常用"君师"来称呼天子。④恶（wū）：从哪里。⑤偏：某一方面，某一部分。亡：通"无"。⑥无安人：指人们不得安宁。⑦事：祭祀。⑧隆：尊崇。

今译

礼有三个基础：天地，是生命的起源；祖先，是族类的本源；天子，是治理国家的基础。没有天地，那么生命从何而来？没有祖先，那么人类从哪里产生？没有天子，国家又怎么能得到治理？这三者即使缺失了一个方面，人民就不会有安宁的生活。所以，礼，对上是用来祭祀天的，对下是用来祭祀地的，也是用来表示尊重祖先、尊崇天子的，这是礼的三个基础。

释义

　　荀子认为,礼是人区别于禽兽、成为人的根本。但是礼的概念不是凭空而来的,荀子所说的礼有三个基础:天地、祖先和天子。这三者都是与人的社会生活密切相联的。人从天地之间汲取精华,天地养育了人类,所以尊崇天地是礼的基础。人的生命由父母赐予,没有先祖,就没有人的个体生命的存在,就没有人类种族的繁衍,所以尊重祖先是礼的又一个基础。国家的安定与否,靠的是统治国家的天子的德行和才能,所以尊崇圣贤的天子是礼的第三个基础。由此看来,荀子尊崇礼是为了使人类社会更加和谐,使人的生活更加安定。

原文

　　凡礼,始乎梲①,成乎文②,终乎悦校③。故至备④,情文俱尽⑤;其次,情文代胜⑥;其下,复情⑦以归大一⑧也。

——《礼论》(节录三)

　　注解:①梲:通"脱",简略。②成:形成。文:文饰,指礼节仪式。③悦校:称心如意。校,这里应该是"恔(xiào)",畅快。④至备:最完备。⑤情:指礼仪所要表达的感情。文:礼节仪式。尽:极,极致。⑥代胜:指情胜过文,或是文胜过情。代,交替,轮流。⑦复情:指回到原始的质朴情感。⑧大一:指原始朴素状态。

今译

　　大凡礼,开始的时候总是很简略的,等到有了礼节仪式之后才开始逐渐形成（一定的形式），最后达到使人称心如意的境界。所以最完备的礼，能够将所要表达的感情和礼节仪式都发挥得淋漓尽致；比它次一等的礼，或者是感情胜过礼节仪式，或者是礼节仪式胜过感情；最下等的礼，就是只重视质朴的感情，从而回归到远古时期的原始朴素状态。

释义

　　荀子在这里阐释了"情"和"文"之间的关系。"情"指的是人天生就拥有的感情，属于人的天性；"文"指的是礼节仪式，是礼的重要形式。"情"与"文"是礼的两个方面，礼与人的社会生活紧密联系，可以矫正人天性中的不足，使人不至于因为过于顺应天性而陷入歧途。所以，如何协调好"情"和"文"之间的关系，决定了礼的不同境界。

　　如丧礼所要表达的哀痛之情，祭礼所要表达的敬重之情，这些都是荀子所说的"情"。在荀子看来，我们在讲礼的时候，一定不能忽略内在的情感和外在的礼节仪式之间的和谐关系。"情胜文"，或是"文胜情"，都不是合适恰当的表达情感的方式。因为"情胜文"会显得粗鄙，而"文胜情"则会显得虚伪。所以，只有"情"和"文"相应相称，"情文俱尽"，也就是内在的情感和外在的礼节仪式都充分发挥到淋漓尽致，才是和谐的状态，这才是最完备的礼。

　　至于最下等的礼，在荀子看来，大概是那种只有情感，而没有任何礼节仪式来约束人的情感的方式。从礼的层面上说，这种状况肯定是属于最下等的礼，但是从"情"的方面来说，倒不失为最真诚的。无论这个人是否受过礼义的教化约束，无论这个人是圣人还是小人，他心中一定有着最真挚的感情，即使是像尧、舜、禹和桀、纣那样的人也不例外啊。

　　所以，"情文俱尽"的礼的要求，是荀子对君子的要求，一般人的确很难做到。

天 地 至 境

原文

　　故《书》①者,政事之纪②也;《诗》者,中声之所止③也;礼者,法之大分④,群类之纲纪⑤也,故学至⑥乎礼而止⑦矣。夫是之谓道德之极⑧。礼之敬文⑨也,乐之中和⑩也,《诗》《书》之博⑪也,《春秋》之微⑫也,在天地之间者毕⑬矣。

——《劝学》(节录八)

　　注解:①《书》:《尚书》。② 纪:记载。③ 中声:中正平和的心声。止:极致。④ 大分:大要,要领。⑤ 类:条例,事例。纲纪:事物的纲要。⑥ 至:到。⑦ 止:停。这里是到终点的意思。⑧ 夫:句首发语词。极:极致,顶峰。⑨ 敬文:敬重文明礼仪。⑩ 中和:中正平和。⑪ 博:广博。⑫ 微:精深,精妙。⑬ 毕:完全。

今译

　　《尚书》是记载古代政治事迹的,《诗经》是中和平正的心声的极致表现,《礼》是法律的要领、各种条例的总纲,所以学习到了《礼》才算达到了最终目的,可称得上是达到了道德的顶峰啊。《礼》的对文明礼仪的敬重,《乐》的中正平和的声音,《诗经》《尚书》的广博,《春秋》的精妙,这些已经将天地间的所有道理都包括进去了。

释义

　　《诗经》中的诗篇,原本就是可以和乐演唱的,这些诗篇描写了先秦时期的人们真实的生活场景和真实的情感追求,是一种淳朴的状态,所以荀子认为《诗》是"中声",表达了人们中正平和的心声。同样,《乐》的"中和",《诗》《书》的"博",《春秋》的"微",这些都是天地间的精华所在,都是人们学习必须包含的内容。如果人能够广泛地学习这些经典,必将成为博学的人。

　　但是,学习的目的在荀子看来是为了完善自身的修为,而非掌握一些文化知识。所以,"礼"就成为人类完善自我的更高要求和最终目标。《礼》的"敬文",表达了人对道德修养的追求。能够达到知"礼"的程度,才算是达到了道德的顶峰啊。

原文

　　天地以合①,日月以明②,四时以序③,星辰以行④,江河以流⑤,万物以昌⑥,好恶以节⑦,喜怒以当⑧,以为下⑨则顺,以为上⑩则明,万物变⑪而不乱,贰⑫之则丧也。礼岂不至⑬矣哉!

　　　　　　　　　　　　　　　——《礼论》(节录四)

注解: ① 以合: 因为(有礼的作用而更加)调和。② 明:

明亮。③序：有秩序。④行：正常运行。⑤流：奔流。⑥昌：繁荣昌盛。⑦节：节制。⑧当：恰当。⑨以为下：这里指治理臣子和百姓。⑩以为上：这里指规范君主的行为。⑪变：变化。⑫贰：不专一，违背。⑬至：极，最。

今译

天地因为有礼的作用而风调雨顺，日月因为有礼的作用而光辉明亮，四季因为有礼的作用而更有秩序，星辰因为有礼的作用而正常运行，江河因为有礼的作用而奔流不息，万物因为有礼的作用而繁荣昌盛，人的爱憎之情因为有礼的作用而有所节制，喜怒之情因为有礼的作用而恰如其分，用它来治理臣子和百姓，臣民就会顺服，用它来规范君主的行为，君主就会通达贤明，万物虽然千变万化但也不会混乱，但如果违背了礼就会丧失一切。礼难道不是最高的境界吗！

释义

如果用今天的科学知识来解释，风调雨顺，日月齐辉，星辰运行，江河奔流，四季有序地交替轮转，世间万物一片繁荣昌盛，这些现象的发生会有各种各样的原因，但无疑都属于自然科学的认识领域，而不会与"礼"这个概念发生关系。

但是，如果自然现象突然发生了变化，礼的影响力就显现出来了：当自然界发生灾祸时，以礼治国的国君就能够更好地管理国家，带领百姓战胜自然灾害。因为礼能够提高人的自我修养能力，在面对灾祸时，如果国君和臣民都能够用礼来约束自己，克制自己天性中不足的那一面，那么自然界的灾祸也不会引起更大的动荡。这就是荀子所说的"万变不乱"，今天我们常说的"大难兴邦"也是基于礼的这种影响力吧。

好 礼 遵 法

原文

　　上不能好其人①，下不能隆②礼，安特将学杂识志③、顺《诗》《书》④而已耳⑤，则末世穷年⑥不免⑦为陋儒⑧而已。将⑨原⑩先王，本⑪仁义，则礼正⑫其经纬蹊径⑬也。

——《劝学》（节录九）

　　注解：① 好（hào）：崇尚。其人：指老师。② 隆：尊崇。③ 安：则，那么。特：只是。杂：指杂记、百家之类的书。识志：记。④ 顺《诗》《书》：记诵《诗经》《尚书》。顺，顺着，这里是简单记诵的意思。⑤ 而已耳：罢了。⑥ 末世穷年：终身，毕生。⑦ 不免：免不了。⑧ 陋儒：见识浅薄的读书人。⑨ 将：如果。⑩ 原：推究，找到根源。⑪ 本：推究，推原，寻找根本。⑫ 正：使……成为正途。⑬ 经纬蹊（xī）径：纵横道路。这里指学习的各种途径。

今译

　　如果不能尊重老师、向贤能的老师学习，又不能尊崇礼法，只是读一些杂记、百家之类的书，记诵一些《诗经》《尚书》的句子罢了，那么他就算读上一辈子的书，充其量也不过是一个见识浅薄的书生罢了。如果能够找到先王的智慧根源所在，推究仁义的根本所在，那么学习礼就是找到各种求学正途的方式了。

释义

　　学习的目的是什么？如果只是为了掌握一些知识，或是向他人炫耀一下自己的学识，那么记诵一些《诗经》《尚书》的句子已经足够了。"顺《诗》《书》而已耳"指的就是这样一种"陋儒"。这样的人，看似学富五车，实则内心缺乏大智慧、大境界。

　　那么，如果学习是为了使自己的身心更加完善，就要努力地追随贤能的老师，用尊重的态度向老师学习，用自己的行为表示对礼法的尊崇。这样才是找到了学习和完善自我的正途，求学者才能在追溯圣王智慧之道的过程中学到礼的精髓。

原文

　　好法①而行，士也；笃志而体②，君子也；齐明而不竭③，圣人也。人无法，则伥伥然④；有法而无志其义⑤，则渠渠然⑥；依乎法而又深其类⑦，然后温温然⑧。

——《修身》（节录四）

　　注解：① 好（hào）：爱好。法：礼法。② 笃（dǔ）：坚定。体：实行，身体力行。③ 齐明：这里指思维敏捷，有智慧。竭：穷尽。④ 伥（chàng）伥然：无所适从，失意的样子。⑤ 志：识，知。义：意义，意思。⑥ 渠渠然：局促不安的样子。渠，通"遽（jù）"，仓促。⑦ 深其类：指能按照礼法去类推，掌握各种事物。深，深知。类，统类。⑧ 温温然：平和的样子。

今译

　　爱好礼法并且能够遵照礼法行事的人，是学士；能够意志坚定地身体力行、坚守礼法的人，是君子；在遵从礼法行事时思维敏捷并且永不枯竭的人，是圣人。人如果不按照礼法行事，就会迷惘而无所适从；有了礼法却不懂得它的深刻含义，就会手忙脚乱、局促不安；只有遵循礼法并且能够深入了解、掌握各种事物的特征，这样才能做到不慌不忙、泰然自若啊。

释义

　　人们都希望自己能够拥有从容不迫的气度，就像上文所说的"温温然"。但是这种由内而外的平和从容的气质，只有通过礼的修习才能逐渐形成。修习礼的过程无法一蹴而就，这是一个漫长而艰难的过程。因为礼的内涵广博而深刻，所以人们需要不断地学习礼和实践礼，从爱好礼法的学士到意志坚定的君子，"愈探愈出，愈研愈入，愈往而不知其所穷"，只有愈加坚定地修习礼，人才会更加拥有智慧，才能最终发展到圣人的境界。圣人才思敏捷、明察一切，能够"深其类"，都是根植于对礼的广泛、深刻、持久的研习上。

隆礼未明

原文

　　不道礼宪①，以《诗》《书》为之，譬②之犹以指测河③

也,以戈春黍④也,以锥飧壶⑤也,不可以得⑥之矣。故隆礼⑦,虽未明⑧,法士⑨也;不隆礼,虽察辩⑩,散儒⑪也。

——《**劝学**》(节录十)

注解:①道:由。礼宪:礼法。②譬(pì):打比方。③以指测河:用手指测量河水。④以戈(gē)春(chōng)黍(shǔ):用戈来春米。⑤以锥飧(sūn)壶:用锥子进食。飧,晚饭。壶,古代储饭的器皿。⑥得:成功,达到目的。⑦隆礼:尊崇礼法。⑧明:明察善辩。⑨法士:守礼法的人。⑩察辩:善于明察,善辩。⑪散儒:不守礼法的儒士。

今译

如果做事不按照礼法行事,只凭着《诗经》《尚书》这些书去办事情,就如同用手指测量河水的深浅,用戈来春黍米,用锥子吃饭一样,是不可能达到目的的。所以,尊崇礼法,即使不能做到明察善辩,也算是守礼法的人;如果不尊崇礼法,即使明察善辩,也不过是一个散漫的、不守礼法的书生罢了。

释义

用手指来测量河水的深浅,用兵器戈来春米,用锥子来吃东西,这些行为显然是达不到目的的。原因就在于做事的根本方式错了。那么,如何在处事时能够始终坚持正确的方式方法?人需要一种内心的力量来支撑自己、约束自己、指引自己。在荀子看来,"礼"就可以起到这种作用,因为"礼"是一个人学习的最终目的,一个人心中有"礼",就能保障他朝着正确的方向努力前进。

荀子认为,"礼"和《诗经》《尚书》这样的书不同,《诗经》《尚书》可以教会人们一些具体的处事方法,却无法指引人们找到正确的处事原则,只有礼才能给人持续修养自身、不断前进的动力。因而,荀子说,"隆礼"但"未明"的人,也许看上去木讷愚钝,但是他始终在追求礼,内心有正确的目标指引,所以不会犯错误;而"察辩"却"不隆礼"的人,因为内心没有正确的目标指引,所以比起前一种人来说,可能更容易做错事情。

国必有礼

原文

在天者莫明于日月,在地者莫明于水火,在物者莫明于珠玉,在人者莫明于礼义。故日月不高则光晖不赫①,水火不积则晖润不博②,珠玉不睹③乎外则王公不以为宝④,礼义不加⑤于国家则功名不白⑥。故人之命在天,国之命在礼。君人⑦者隆礼⑧尊贤而王⑨,重法爱民而霸⑩,好利多诈而危,权谋、倾覆⑪、幽险⑫而尽亡⑬矣。

——《天论》(节录一)

注解:①晖:同"辉"。赫:光明。②晖:同"辉"。润:指水的光泽。博:多。③睹:明,显露,这里是光彩显露的意思。④以为宝:把(珠玉)当作宝贝。⑤加:施行。⑥白:显露。⑦君人:统治人民,做君主。⑧隆礼:尊崇礼义。⑨王

(wàng)：称王。⑩ 霸：称霸。⑪ 倾覆：颠覆，覆灭。⑫ 幽险：阴险。⑬ 尽：彻底。亡：灭亡。

今译

在天上的东西没有什么比太阳、月亮更明亮的了，在地上的东西没有什么比水更荡漾光辉、比火更红艳艳的了，在万物之中没有什么比珍珠、宝玉更闪亮的了，在人类社会中没有什么比礼义更灿烂的了。所以，如果太阳、月亮不是高挂在空中，它们的光辉就不会那样显赫；如果水、火不是积聚起来的话，火的光焰和水的光泽就不会那样多；如果珍珠、宝玉的光彩不在外表显露出来的话，王公诸侯就不会把它们当作宝贝；如果不在国家中施行礼义的话，礼的功绩和名声就不会那样显著。所以人的命运在于人怎样面对天性，国家的命运在于国家的统治者怎样对待礼义。如果统治人民的君主尊崇礼义，尊重贤人，就能在天下称王；如果君主重视法制，爱护人民，就能在诸侯中称霸；如果君主既贪图利益又狡诈，那么国家就危险了；如果君主玩弄权术，喜欢搞颠覆、搞阴谋，阴险狡诈，那么国家就会彻底灭亡了。

释义

在自然界中，日月、水火、珠玉辉煌灿烂，人的高尚德行也如同日月、水火、珠玉一般闪烁着光芒。这里荀子将礼义与日月、水火、珠玉相类比，指出了礼义对于人的道德修养的重要意义。

但是荀子又指出，"日月不高则光晖不赫，水火不积则晖润不博，珠玉不睹乎外则王公不以为宝"，就是说，日月的光辉、水火的鲜明、珠玉的光亮，都不能被外界的东西所遮蔽。否则，哪怕是再明亮的东西都无法显现出来。所以，即使是高尚的礼义道德，也需要人在思想上推崇礼义，在行动上践行礼义，在语言上宣传礼义,这样才能使高尚的德行声名显赫起来,那么奸邪丑恶的东西就没有市场了。

从人的个人修养方面来说是这样,从国家的角度来说同样如此。"人命在天",意思是人的命运取决于人如何面对天性,约束和改变自己的天性。因为只有充分发挥人天性中的善良,改变天性中那些不好的因素,人生才能平安和顺。荀子提出"国之命在礼",因为"礼"就是影响国家命运的核心思想。尊崇礼义的君主,自然会尊重贤人、爱护人民,也自然会制定法制、规范政治,那么,增强国力,乃至于在诸侯中称霸,的确也不是什么难事了。君主要能够认识到"礼"的重要性,并且在认识的基础上制定符合"礼"的法制,才是治理国家的正道。

原文

　　故劳力①而不当民务②,谓之奸事③;劳知④而不律先王⑤,谓之奸心;辩说譬谕⑥、齐给便利⑦而不顺⑧礼义,谓之奸说。此三奸者,圣王之所禁也。

　　知而险⑨,贼而神⑩,为诈而巧⑪,言无用而辩⑫,辩不惠而察⑬,治之大殃⑭也。行辟而坚⑮,饰非而好⑯,玩奸而泽⑰,言辩而逆⑱,古之大禁也。知而无法⑲,勇而无惮⑳,察辩而操僻淫㉑,大㉒而用之,好奸而与众㉓,利足而迷㉔,负石而坠㉕,是天下之所弃也。

——《非十二子》(节录二)

　　注解:①劳力:费力。②不当民务:对百姓的事情没有帮助。③奸事:奸邪的政务。事,这里指政务。④劳知:费

尽心思。⑤ 不律先王：不以古代圣王的法度为准则。⑥ 辩说：游说。譬(pì)谕：也可以写做"譬喻"，比喻。⑦ 齐给(jǐ)便利：迅速便捷。齐给，敏捷。⑧ 顺：遵循。⑨ 知：通"智"。险：阴险，险诈。⑩ 贼：邪恶，不正派。神：这里是诡秘的意思。⑪ 为：通"伪"，诡诈。巧：指语言的虚伪。⑫ 用：用处。辩：说得头头是道，能言善辩。⑬ 不惠：不聪明，不切实际。察：分析得很细微。⑭ 殃：灾祸。⑮ 辟：通"僻"，邪僻，邪恶。坚：顽固。⑯ 饰：掩饰，遮掩。非：过错。好：巧妙，完美。⑰ 玩：玩弄。奸：权术。泽：润泽，这里指圆滑。⑱ 逆：违反常理。⑲ 知：通"智"。法：守法度。⑳ 惮(dàn)：畏惧，害怕。㉑ 察：考察事物很精细。操：掌握。僻淫：邪恶。㉒ 大：以…为大。㉓ 好(hào)奸：喜欢搞阴谋。与：拉帮结派。众：众多。㉔ 利足而迷：因为走捷径而陷入困境。㉕ 负石而坠：指不堪重负，能力小但是承担的责任重。

今译

用尽力气但是却不符合民众的需求，就是奸邪的政务；费尽心思但却不能以古代圣王的法度为准则，就是奸邪的心机；辩说比喻起来，口才敏捷，但却不遵循礼义，就叫作奸邪的辩说。这三种奸邪的东西，是圣王所禁止的。

生性聪明但是却用心阴险，手段狠毒并且诡秘难测，用心诡诈而且说话虚伪，言论不切实际但却说得头头是道，说的话毫无用处却看似分析得很细微，这是治理国家的最大灾祸。做事邪恶又顽固不化，掩饰过错做得十分巧妙，玩弄权术显得十分圆滑，说话看似有理却违反常理，这些是古代的人最要禁止的情形。聪明却不守法度，勇猛却肆无忌惮，考察事物很精细但所持的观点却很邪恶，以这样的人为大而使用他们，喜欢搞阴谋诡计所以同党众多，这就像因为贪图走捷径而陷入迷途，又像能力不足的人却窃取了重要的位置，最后只能跌入深渊，这些都是天下人所厌恶的人啊。

释义

　　一个管理者，如果愿意用尽力气、费尽心思做事，当然值得称赞，但是如果他的心思和力气都是用在自己身上，根本不关注民众的需求，也不愿意以古代圣王的法度作为自己行事的准则，那么，这样的官员越是"勤政"，对社会和百姓的危害就越大！荀子在上文所说的"圣王之所禁"的"三奸"，指的就是这样的情形。

　　关于辩说的情形同样如此，不愿意遵循礼义的人，越是能言善辩，越是会将奸邪思想的影响扩大。可见，无论做什么，首先都要辨明正确的方向。在荀子看来，正确的方向就是"礼"所指引的方向。

　　对于人的道德修养来说，也是这样。天性聪明的人，往往容易被自己的天赋蒙蔽，从而贪图捷径，误入迷途。一个聪明人，因为想走捷径，所以会用阴险狡诈的手法欺骗人，会用不切实际的言论迷惑人，那么，这样的人社会地位越高，对国家造成的危害就可能越严重。同时，这样的人在人生道路上也会走得越来越沉重，因为他们的内心没有礼的指引，无法正确面对人生的起伏得失，最后必将坠入深渊。

　　所以，荀子希望那些天赋聪颖的人能够对自己的德行修为有更高的要求，千万不能被所谓的聪明所蒙蔽！

原文

　　立隆①以为极②，而天下莫之能损益③也。本末相顺④，终始⑤相应，至文⑥以有别⑦，至察⑧以有说⑨。天下从之⑩者治，不从者乱；从之者安，不从者危；从之者存，不从者亡。小人不能测也。

——《礼论》（节录五）

注解：① 立隆：指建立完备的礼制。隆，中正，最高的准则。② 极：最高准则。③ 损益：删减和增加，这里指改变。④ 本：礼的根本原则。末：礼的各种具体规定。顺：顺应。⑤ 终：指最终达到的称心如意的境界。始：指开始时简略的境界，人所拥有的最本真的情感。⑥ 至文：最完备的礼制。⑦ 别：这里指尊卑有别。⑧ 至察：最细密的礼义。⑨ 说：这里指说清楚是非的道理、标准。⑩ 之：指礼。

今译

圣人建立了完备的礼制，并把它作为最高的准则，那么天下就没有什么东西能改变它。礼的根本原则和具体细节之间互相顺应，人所拥有的最本真的情感和人尊崇礼义所能达到的称心如意的境界互相顺应，有最完备的礼义制度就一定能有明确的尊卑差别，有最细密的礼义制度就能够说清楚是非的标准。百姓都遵循礼义的国家就能治理得好，百姓都不遵循礼义的国家就会混乱；遵循礼义的国家就会安定，不遵循礼义的国家就会有危险；遵循礼义的国家就能长久地存在，不遵循礼义的国家就会灭亡。小人是不能深刻了解礼的这些道理的。

释义

荀子认为"礼"是人类社会稳定发展的基础。"立隆以为极"，作为最高准则的礼，是不容许轻易改变的。如果立国立人的根本都能够轻易改变,那么一个国家、一个人还能再坚持什么原则呢? 所以,在现实生活中遇到的所有问题,都应该在礼的基础上找到相应的解决办法,而不是背离礼的要求,任由自己的天性想怎么做就怎么做。这就是荀子所说的"本末相顺,终始相应",意思是用合适的处事方法来表达对礼的尊崇,礼的根本原则和外在表现形式是相符合的。所以,国家"从之者治,不从者乱;从之者安,不从者危;从之者存,不从者亡"。这样的道理,圣贤的君主当然是明白的。

但是小人往往只看得到礼的外在形式要求,却不明白礼在约束人心、改变人的天性、帮助人辨明是非上的重要作用,也看不到礼维护社会安定的重要力量。所以,荀子所重视的是坚持礼的根本原则,而非只是外在的一些形式。

听 政 以 礼

原文

听政之大分^①:以善^②至者待之以礼,以不善至者待之以刑^③。两者分别^④,则贤不肖^⑤不杂^⑥,是非不乱^⑦。贤不肖不杂则英杰至,是非不乱则国家治。若是^⑧名声日闻^⑨,天下愿^⑩,令行禁止,王者之事毕^⑪矣。

——《**王制**》(节录一)

注解:① 听政:主持国政,听取意见。大分:要领,关键。

②以善：带着好的建议，心怀好意。③刑：刑罚。④分别：区别。⑤不肖：不贤。⑥杂：混杂。⑦乱：混淆不清。⑧是：这样。⑨日：一天天地。闻：出名，有名望。⑩愿：仰慕。⑪毕：完成。

今译

主持国政的要领是：对那些带着好的建议、心怀好意而来的人，就用礼节对待他；对那些怀着恶意而来的人，就用刑罚对待他。这两种情况能区别开来，那么贤德的人和不贤的人就不会混杂在一起，是非也就不会混淆不清。贤德的人和不贤的人不混为一谈，那么英雄豪杰就会到来；是非不被混淆，那么国家就能治理得好。像这样，主持国政的人的名声就会一天天地显赫起来，天下的人就会仰慕他，他就能做到有令必行、有禁必止，这样，圣王的事业也就完成了。

释义

对于统治者来说，如何虚怀若谷地接受各方意见，是治理好国家的关键。围绕在国君周围的一定有各种各样的声音，如果不加辨析地全盘接受，必然会造成是非混淆、鱼龙混杂。那么，辨析是非的标准是什么？荀子提出以"善"为标准："以善至者待之以礼，以不善至者待之以刑。""善"的背后实际上是对"礼"的遵循。因为遵循礼义的人才会心怀天下，善意地向国君提出合理有益的建议；而不遵循礼义的人内心考虑更多的是个人的得失，就会心怀叵测地向国君提出关乎私利的要求。所以，用"善"这个标准去衡量国君周围的声音，实际上是借助礼的力量帮助国君辨明是非、区分贤愚，从而真正地做到海纳百川、虚怀若谷、诚心纳谏。

原文

凡听①，威严猛厉而不好假道②人，则下畏恐而不亲③，周闭而不竭④，若是则大事殆乎弛⑤，小事殆乎遂⑥。和解调通⑦，好假道人而无所凝止⑧之，则奸言并至⑨，尝试之说锋⑩起，若是则听大事烦⑪，是又伤⑫之也。

故法而不议⑬，则法之所不至⑭者必废；职而不通⑮，则职之所不及者必队⑯。故法而议，职而通，无隐谋⑰，无遗善⑱，而百事无过⑲，非君子莫能。

故公平者职⑳之衡㉑也，中和㉒者听之绳㉓也。其有法者以法行，无法者以类举㉔，听之尽也㉕；偏党而无经㉖，听之辟㉗也。故有良法而乱者有之矣，有君子而乱者，自古及今未尝闻也。传㉘曰："治生乎君子，乱生乎小人。"此之谓也。

——《王制》（节录二）

注解：①凡：大凡，凡是。听：听政，处理政事。②假道：宽容诱导。③下：臣下。畏恐：害怕恐惧。亲：亲近，这里指愿意说出心里话。④周闭：严密地隐蔽实情。竭：尽。不竭，这里是畅所欲言的意思。⑤殆（dài）：恐怕。弛：荒废懈怠，败坏。⑥遂：通"坠"，失落，落空。⑦和解：宽和，宽容。调通：调和，沟通。⑧凝止：有限度。凝，止定。⑨奸言：奸诈邪恶的言论。并至：一起产生。⑩尝试之说：试探性的说法。锋：通"蜂"，像蜜蜂一样。⑪听：听到的事情。大：范围广。事：政事。烦：繁杂。⑫伤：妨害。⑬法：制定法律。议：讨论。⑭至：涉及。⑮职：规定职权范围。

通：沟通。⑯ 队：同"坠"，落空。⑰ 隐谋：隐藏的图谋。
⑱ 遗善：遗漏的善行。⑲ 过：过错。⑳ 职：根据文意，这里
应该是"听"字，处理政事。㉑ 衡：秤，这里指原则、准则。
㉒ 中和：中正平和。指处理政事时宽严适中，有适当的分寸。
㉓ 绳：准绳。㉔ 以类举：按照类推的方法来办理。㉕ 尽：
极。㉖ 偏党而无经："偏"和"党"都是偏袒、偏私的意思。经，
原则。㉗ 辟：通"僻"，偏邪，不公正。这里是歧途的意思。
㉘ 传（zhuàn）：这里指古书。

今译

凡是君主在朝廷上处理政事的时候，如果威武严肃、凶猛刚
烈又不喜欢宽容臣下，那么臣下就会因为害怕恐惧而不敢与君
主亲近，就会严密地隐瞒真情而不敢畅所欲言，像这样，那么大
事恐怕就会被荒废，小事恐怕也会落空。如果君主过于随和，喜
欢宽容地顺从臣下而又毫无限度，那么奸诈邪恶的言论就会纷
至沓来，各种试探性的说法也会蜂拥而起，像这样，那么君主听
到的事情就会太杂，需要处理的政事也就太繁杂了，这同样会对
处理政事有妨害。

制定了法律，因而不再讨论研究法理，那么法律没有涉及的
事情就一定会被废弃不管。规定了各级官吏的职权范围，因而
各级官吏彼此之间不再互相沟通，那么职权范围涉及不到的地
方就必然会落空。所以制定了法律，同时还要加以讨论研究，规
定了各级官吏的职权范围，同时又要加强彼此沟通，那就不会有
隐藏的图谋，不会有被遗漏的善行，而各种工作也就不会有失
误，但除非是君子，一般人是做不到这样的。

公正是处理政事的原则，宽严适中有分寸是处理政事的准
绳。那些有法律依据的事情就按照法律来办理，没有法律条文
可遵循的事情就按照类推的办法来办理，这是处理政事的最好
办法；没有原则地偏袒，是处理政事的歧途。所以，有了完善的

法制但是仍然发生动乱的情况是有的;有了德才兼备的君子却发生动乱的事情,从古到今还不曾听说过啊。古书上说:"国家的安定是由于有了君子,国家的动乱则是由于有小人啊。"说的就是这种情况。

释义

　　国君处理政事,也要有管理的艺术。过于严肃和过于随和,实际上都是由于缺乏一定的原则。要想既不过分严肃,又不过分随和,其间的分寸把握,只有通过"遵循礼义"这个原则来控制了。正如夏禹那样,治理政事,依凭的是德治和法治,而非君主的权势。孟子曾说:"昔者禹抑洪水而天下平。"在大禹生活的时期,如何团结众多的部落,使其能够"宾服于己",不是一件容易的事情,大禹采用的办法是先"敬业修德,以身垂范,使其感怀",这样一来,天下的老百姓就会遵从,就可以做到政令统一。所以,遵循礼义是统治者处理政事的基础,国君如果能够身体力行地遵循礼义,就会使怀着善意而来的臣子畅所欲言,使怀着私利而来的臣子不敢放肆。这样的君主就是掌握了管理的艺术啊。

　　治理国家必然要依据法律,法律是依礼义而定的,但是法律也有职权范围涉及不到的地方。面对法律没有涉及或无法解决的问题,只有靠人来完善补充了,因为法律是靠人来执行的。

　　可以想象,即使有完善的法律,如果没有君子来执行,那么国家同样可能发生动乱。相反,即使法律并不那么完善,只要有德才兼备的君子,就能够将法律的缺漏补充完整。完善的法律和君子,哪一个对国家更重要,是不言而喻的。

　　所以,法律之外的讨论研究,其准则就在于是否能够"遵循礼义"。"礼"是天地之理的精华所在,依礼而行,工作当然不会有大的失误，即使出现些小的问题，也如同"隆礼未明"那样，算得上"法士"。但是这个道理恐怕只有德才兼备的君子才能够理解。所以，在荀子看来，推行法制、依法治国的基础，还是在于努力尊崇礼义啊！

第四单元

天人之分

　　荀子对于人在宇宙之间的地位的认识,主要表现为"明于天人之分"的观点。中国古人对天人之间的关系的认识可以用"天人合一"来概括,而荀子"明于天人之分"的观点则丰富了这一思想。"天人之分"中的"分",是职能、名分的意思,荀子所强调的是:天和人有各自的职能和名分,人应该清楚地认识到这一点。

　　关于天的职能,荀子认为是"天行有常",天象并不会因为人事的变化而变化,所以人事的更迭、动荡也就不应该归咎于天意了。因而,人有自己应该做和能够做的事情,不要无所事事地指望上天能够赐予自己什么,而应该承担起人的责任。

　　本单元从"人有其治、天行有常、人祸可畏、知人顺天"这四个主题,阐释了荀子的天人观。

人有其治

天行有常

人祸可畏

知人顺天

人有其治

应之①以治②则吉,应之以乱则凶。强本而节用③则天不能贫,养备而动时④则天不能病⑤,修道而不贰⑥则天不能祸,故水旱不能使之饥渴,寒暑不能使之疾,祆怪⑦不能使之凶。

本荒而用⑧侈则天不能使之富,养略而动罕⑨则天不能使之全,倍道而妄⑩行则天不能使之吉,故水旱未至而饥,寒暑未薄⑪而疾,祆怪未至而凶。

受时与治世同⑫,而殃祸与治世异,不可以怨天,其道⑬然也。故明于天人之分⑭,则可谓至人⑮矣。

不为⑯而成,不求而得,夫是之谓天职⑰。如是者,虽深其人不加虑焉⑱,虽大⑲不加能⑳焉,虽精㉑不加察㉒焉,夫是之谓不与天争职。天有其时㉓,地有其财㉔,人有其治㉕,夫是之谓能参㉖。舍其所以参㉗而愿其所参㉘,则惑矣。

——《天论》(节录二)

注解:①应:承接,接应。之:指天道。②治:在《荀子》书中,常与"乱"相对,表示合理,所采取的措施可以导致社会安定的结果。下文的"乱"则指不合理,所采取的措施会导致社会混乱。③ 本：指农业。古代社会把农耕的发展当作国家强大的根本,农业是最重要的行业,所以把农业看作"本",相对的,工商业就被看作"末"。用：用度,开销,花费。④ 养：养活百姓生命的东西,比如衣食之类的东西。备：充足。动时：运之以时,就是指役使或督促百姓不违背时令、按照节气劳作。⑤ 病：困苦。⑥ 修：研究,学习。道：指自然规律与社会规律。贰：即"倍",违背。⑦ 祆怪：妖怪,指自然灾害和自然界的异常现象。祆,同"妖"。⑧ 本：农业。用：花销,用度。⑨ 养：养活百姓生命的东西,比如衣食之类的东西。略：不足,缺少。动罕：怠惰,偷懒。⑩ 倍：违背。道：自然规律。妄：胡乱。⑪ 薄(bó)：迫近。⑫ 受时与治世同：这句话是指"受时"和"治世"的自然条件相同。受,这里是遇到的意思。时,时代,时期。治世,指安定的社会。⑬ 道：所采取的措施。⑭ 故明于天人之分：这里是说上天的自然规律和人类社会的规律是有区别的。明,明白,了解。分,区别。⑮ 至人：思想修养达到了最高境界的人,就是我们一般所说的"圣人"。至,达到了顶点。⑯ 为：作为。⑰ 天职：老天的职能。⑱ 其人：指"至人",圣人。加：施加。焉：相当于"于之",对它。⑲ 大：光大。⑳ 加能：用力干预,有能力施加些什么东西。㉑ 精：精微。㉒ 察：考察。㉓ 时：季节,指春、夏、秋、冬。㉔ 财：通"材",指自然资源。㉕ 治：治理的方法。㉖ 参(cān)：并列。㉗ 所以参：用来并列的东西,指人类社会自身拥有的治理方法。㉘ 所参：被并列的东西,指和"人"并列的"天"和"地"。

今译

用合理的措施来承接天道就吉利,用不合理的措施去承接天道就凶险。如果加强农业发展,同时节省开支花费,那么老天就不会让百姓贫穷;再加上给百姓充足的衣食,同时督促百姓按合适的节气劳作,那么老天就不会使百姓困苦;(在治理国家时)研习自然规律和社会规律,而不违背规律,那么老天就不会降祸给百姓。所以发生水涝旱灾也不能使百姓挨饿,四季之中严寒酷暑的变化也不会使百姓生病,自然界发生的反常现象也不会给百姓带来灾祸。

如果农业荒芜,而且花费开销十分奢侈,那么老天就不会使百姓富裕;如果给百姓提供的衣食不足,而且百姓又懒得辛苦劳作,那么老天就不会保全百姓的生命健康;如果违背自然规律并且胡乱地行事,那么老天就不会使百姓生活幸福。所以,没有发生水涝旱灾,却出现饥寒交迫的情形;严寒酷暑还没有迫近,人却生病了;自然界的反常现象还没有出现,却发生了凶灾。

一个人生活的时代的自然条件和那些安定社会的自然条件相同,但是他遭遇的灾祸却与社会安定时期的人不同,这就不可以埋怨上天了,因为这是由于人自己的行为招致了灾祸。所以能够明白上天的规律和人类社会规律之间的区别,就可以说是圣人了。

不用努力作为就能成功,不用求取就能得到,这就是老天的职能。像这样的话,上天的规律虽然深远,但是圣人也不会随意地去猜测;上天的规律虽然光大,圣人也不会用力去干预什么,或者再去施加些什么;上天的规律虽然精微,圣人也不会去深入考察它。这就叫不与老天争职能。天有春夏秋冬四季,地拥有自然资源,人类有自己的治理方法,这就叫与天、地能够相互并列。人如果舍弃了自身可以和天、地相并列的治理方法,却只寄希望于与自己相并列的天、地,这就是糊涂了。

释义

自然界有它自己的规律,人只有在正确认识自然规律的基础上,顺应自然规律,利用好自然规律,才能达到为人类谋福利的目的。合理地利用自然、改造自然,自然也会回报人类,给人类一个繁荣富足的生活环境。在这样的情形下,即使出现了自然灾害,只要不加上人祸的痛苦,百姓就不会流离失所,国家也不会发生动荡。相反,不合理地、无休止地向自然索取,自然一定会报复人类。从今天的许多情形来看,古人比现代人更懂得尊重自然规律啊!

在物质并不充裕的古代,人类社会生存发展的根本是什么?是农业。农业发展了,百姓就不会饿肚子,国家有充足的粮食储备了,就不会害怕自然界偶然出现的灾害天气。农业的发展,要靠百姓勤劳地耕作,符合自然规律的辛勤耕耘就一定能带来丰收;而违背自然规律胡乱地行事,却有可能触怒自然,引发灾祸。这样看来,"本荒而用侈","养略而动罕","倍道而妄行"的危害的确是很厉害的。对于人类社会来说,人祸比天灾更可怕!

自然界的规律是恒定不变的,有时候会发生灾祸,但也一定会有丰年,这两者是交错出现的。谁也无法预料什么时候会出现灾祸,但是在历史上,我们会看到,并非是自然界发生灾祸就一定会引发人类社会的动荡,相反,因为自然界给予了人类过于充裕的财富,从而引发了人类自身为了抢夺财富而争斗不断,这不就是人类自己的行为所招致的灾祸吗?又怎么能够埋怨上天呢?

"天人之分"就是天(自然)与人(社会)的区分,意思是说自然与社会各有其独立性,社会上发生的事情往往取决于人,而与天无关。因而,天有天的规律和职责,人有人的规律和职责,人应该做好自己该做的事情。

"天""地""人"这三种力量各有其道,各自有自己的责任和职能,比如天地,没有人为的努力,也能自然而然地产生一切,这就是大自然的职能。但是"天行有常",天道是不会因为人事的变化而变化的,孔子说:"天何言哉?四时行焉,百物生焉,天何言哉?"所以,人应该做自己所能做的事情,在顺应、利用客观规律的基础上,改造自然、利用自然。就像圣人那样,圣人不会随意地去猜测天道,而是做好自己能做的事情,施行"强本而节用""养备而动时""修道而不贰"这些能够产生安定因素的措施,这样就叫作"不与天争职",与天地相"参"。与此相反,想要舍弃人的治理,只指望天、地的恩赐,无疑是愚蠢而没有效果的做法了。

原文

　　故大巧在所不为①,大智在所不虑②。

　　　　　　　　　　　　　——《天论》(节录三)

　　注解:① 所不为:不做的事,指违反客观规律的事情。
② 所不虑:不加考虑的事,这里指探究自然的事。

今译

　　所以最能干的人在于他不去做那些不能做和不应该做的事情,最智慧的人在于他不去考虑那些不能考虑和不应该考虑的事情。

释义

　　"所不为"指不做违反客观规律的事情,也就是应该顺应自然,不要凭着主观意愿蛮干,这样就能"不为而成",所以有"所不为"是"大巧",是一种大智慧。荀子所说的"不加能""不与天争职"和这里"所不为"的意思是可以互相阐发的。"所不虑"就是说不去考虑不该考虑和不能考虑的事情,上天的责任和职能就属于人不该考虑和不能考虑的事情,圣人就不会去关注这些,圣人"不加虑""不加察"的意思和这里是相同的。

原文

大天而思①之，孰与物畜而制②之。从天而颂之，孰与制③天命而用之！望时④而待之，孰与应时⑤而使之！因物而多⑥之，孰与骋能而化⑦之！思物而物之⑧，孰与理物⑨而勿失之也！愿⑩于物之所以生，孰与有⑪物之所以成。故错⑫人而思天，则失万物之情⑬。

——《天论》（节录四）

注解：① 大：认为（天）伟大，推崇。思：思慕。② 孰与：哪里比得上。物畜：把天当作物来看待。制：控制。③ 制：掌握。④ 望时：指盼望秋收时节。⑤ 应时：顺应春生夏长的时令。⑥ 因：顺，引申为听任。多：羡慕（它）多。⑦ 骋能：施展自己的才能。化：化用。⑧ 物之：使物能够被自己所用。⑨ 理物：管理万物。⑩ 愿：仰慕，思慕。⑪ 有：把握，掌握。⑫ 错：通"措"，置，放弃。⑬ 失：违背，背离，不知。万物之情：万物的实际情况。

今译

推崇天的伟大从而思慕它，哪里及得上把它当作物来控制它。顺从天并且赞美它，哪里及得上掌握自然规律从而利用它！盼望秋收的时节从而指望它，哪里及得上顺应季节的变化从而役使它！听任万物的自然增殖从而羡慕它多，哪里及得上施展自己的才能从而化用它们！希望得到万物并且使它们能够被自己所用，哪里及得上治理好万物从而让它们得到充分合理的利用! 希望了解万物之所以产生的原因,哪里及得上把握万物的生成。所以放弃人的努力而寄希望于上天的恩赐,那就会违背万物的实际情况。

释义

"愿于物之所以生,孰与有物之所以成",是荀子"天人之分"思想的重要体现。荀子认为,万物的产生虽然在于天,但是万物更多地生成却在于人,所以荀子主张人们不必去探究万物为什么会产生,而要尽力促成万物更多地在自然界生成。然而万物是不会无缘无故地恩赐给人什么东西的,这就是万物之情。所以,如果放弃人为的努力而一味仰慕天,指望自然恩赐给自己什么,也就违背了"万物之情",失去了万物最真实的情。因此,天地和人各有自己的责任和职能,人应该做好自己应该做和能够做的事情。

天 行 有 常

原文

天行有常①,不为尧②存,不为桀③亡。

——《天论》(节录五)

注解:① 天行:天道,自然界的运行规律。常:固定不变的规律。② 尧：传说中上古的圣明君主。③ 桀(jié)：夏代最后一个君主，是荒淫无道的恶君。

今译

自然界的运行有自己的规律，它不会因为尧的仁德而存在，也不会因为桀的残暴而消亡。

释义

荀子对人与天之间的关系有自己独特的思考。他认为，宇宙之间存在着三种力量：天、地、人。这三种力量既相互联系又相对独立。上面这段话说的就是天自有其特定的运行规律，天的职责不会因为人事的变化而受到影响，所以人的作用就是正确地认识自然规律，不要试图改变自然规律，也不要把人事的灾祸归咎到天地自然的责任上。

原文

治乱天邪？曰：日月、星辰①、瑞历②，是禹、桀之所同也，禹以治，桀以乱，治乱非天也。时③邪？曰：繁启、蕃长④于春夏，畜⑤积、收藏于秋冬，是又禹、桀之所同也，禹以治，桀以乱，治乱非时也。地邪？曰：得地⑥则生，失地⑦则死，是又禹、桀之所同也，禹以治，桀以乱，治乱非地也。

——《**天论**》（节录六）

注解：① 星辰：星的总称。② 瑞历：历法，历书是吉祥

的书,所以称作"瑞历"。瑞,吉祥。历,记录年月日及时令节
气的历书。③ 时:时令,季节。④ 繁启:指农作物纷纷发芽
出土。繁,繁多。启,萌芽,发。蕃(fán):茂盛。长(zhǎng):
生长。⑤ 畜(xù):蓄,积聚。这个意义又可以写作"蓄"。
⑥ 得地:指农作物得到土地。⑦ 失地:指农作物失去土地。

今译

　　社会的安定或混乱是由上天决定的吗? 回答说:太阳月
亮、行星恒星、祥瑞的历书,这在大禹和夏桀的时代都是相同的,
大禹用这些使天下安定,夏桀用这些却使天下混乱,可见社会的
安定或混乱并不是由上天决定的。(社会的安定或混乱)是由时
令决定的吗? 回答说:庄稼在春季、夏季纷纷发芽、茂盛地生
长,在秋季、冬季被积聚、收藏起来,这在大禹和夏桀的时代都是
相同的,但是大禹能够使天下安定,夏桀却使天下混乱,可见社
会的安定或混乱并不是由时令决定的。(社会的安定或混乱)是
由大地决定的吗? 回答说:庄稼得到土地就会生长,失去土地
就会死亡,这在大禹和夏桀的时代都是相同的,但是大禹能够使
天下安定,夏桀却使天下混乱,可见社会的安定或混乱并不是由
土地决定的。

释义

　　无能的统治者总会把失败的原因归咎于天意,认为是上天
没有给他成功的机会。但是,"天行有常,不为尧存,不为桀亡",
从大禹和夏桀的比较就可以看出,上天有它自己运行的规律和
职能,不会因为人事的变化而变化,大禹和夏桀面临的自然条件
是大致相同的,但是一个成为明君,一个却成为昏君。可见,人
类社会的安定与否并不是由上天决定的,关键在于统治者是否
有高尚的德行,能够使臣民顺服;是否能够顺应天地规律,制定

出合适的政治制度,从而使天下安定。

春生夏长,秋收冬藏,这是自然的规律,并不会因为明君或是昏君的出现而发生变化。那么,天下的安定或混乱就不是由时令所决定的了,那些将国家的动荡归咎于天灾的统治者,还是应该多从人祸的角度做一些反省吧。上面这段话中的三问三答:"治乱天邪?""(治乱)时邪?""(治乱)地邪?"就揭示出了这样一条真理。

圣人有所为、有所不为,有所虑、有所不虑。圣人所不为、所不虑的,就是天、地、自然为什么会有这样或那样的规律,比如"得地则生,失地则死"。自然界的规律不是人为可以改变的,在大禹的时代和夏桀的时代都是如此,哪怕是到了今天,也还是遵循这样的规律。所以,圣人并不在意天、地、自然对人类社会发展的影响。圣人所为、所虑的,是如何利用好自然规律,发展生产,为人类谋福利。可见,治理好国家的关键在于人,而非天、地、自然!

原文

雩而雨①,何也? 曰:无何②也,犹不雩而雨也。日月食而救之,天旱而雩,卜筮③然后决大事,非以为④得求也,以文⑤之也。故君子以为文而百姓以为神,以为文则吉,以为神则凶也。

——《天论》(节录七)

注解:① 雩(yú):古代求雨的祭祀。雨:动词,下雨。② 无何:没什么。③ 卜(bǔ):古代用龟甲兽骨占吉凶叫作卜。筮(shì):古代用蓍(shī)草占吉凶叫作筮。④ 以为:认

为。⑤ 文：文饰，掩饰。

今译

　　祭神求雨就下雨了，这是为什么呢？回答说：这没有什么，它就像不去祭神求雨却下雨了一样。太阳、月亮发生了日食、月食，人们就会去向上天求救，天干旱了就会去祭神求雨，通过占卜然后决定国家大事，古代的君主并不真的认为这些做法能得到所祈求的东西，这种做法只是一种政治上的文饰，只是为了向百姓表示关切的心情罢了。所以，君子把这些活动看作是一种文饰，但老百姓却把它们看得神乎其神。如果把这些活动看作是一种文饰就是吉利的，把它们看得神乎其神，以为真有神灵就不吉利了。

释义

　　古人以为日食、月食是"天狗"把太阳、月亮吞食了，所以敲盆击鼓来吓跑"天狗"，抢救日月。这固然是因为古人缺乏科学知识，无法正确认识日食、月食这种自然现象。但是也与普通人对天与人之间关系的认识有关。荀子认为，普通人往往把自己的命运寄托给上天，所以当上天出现罕见的自然现象时，人就会自然地认为在自己身上也会相应地发生意外的情况，于是才会做出"日月食而救之，天旱而雩，卜筮然后决大事"这样的行为。所以，荀子希望人们能够认识到"天人之分"，也就是认识到天和人各有自己的职责，那样就不会太把日食、月食这种自然现象当一回事，也不会真的相信敲盆击鼓能够赶走"天狗"了。

　　在荀子看来，君子和普通人的区别就在于：君子能够清醒地认识到祭神、占卜这些事情不过是起文饰作用的一种形式罢了，人的行为是无法影响天地的运行规律的。如果把这些活动当了真，那么就是推卸掉人自身应该承担的责任了。所以，人还是应该把精力放在做好自己能够做的事情上。

荀子对天与人之间的关系的认识，是超越他所生活的那个时代的，有着高度的前瞻性。

原文

所志①于天者，已其见象之可以期者矣②；所志于地者，已其见宜之可以息③者矣；所志于四时者，已其见数之可以事④者矣；所志于阴阳者，已其见和⑤之可以治者矣。官人⑥守天而自为守道也。

——《**天论**》（节录九）

注解：① 志：通"识"，知道，了解。这个段落中"志"的用法都是这样。② 已其见象之可以期者矣：指可以用来知道四时节气、气候变化的天文现象。已，止，不超过。本段中下面几个"已"的用法也是这样。见，同"现"。象，指日月星辰之类的天象。期，四时的节气、气候。这里用作动词，意思是知道四时节气、气候的变化。③ 宜：适宜，这里指适合农作物生长的条件。息：繁殖，生长，这里指种植庄稼。④ 数：规律，指四时季节变化的次序，就是春生、夏长、秋收、冬藏这些有规律的事情。事：这里指从事农业生产。⑤ 和：调和，和谐。⑥ 官人：指掌管天文历法和掌管农业生产的官员，主管观测天象，辨别土地是否适宜农作物生长，观测气候条件等。也可以理解为任用掌管天文历法和农业生产的官员。

今译

从上天那里可以了解到的，不过是它所显现出的那些可以测定四时气候变化的天象罢了；从大地那里了解到的，不过是它所显现出的那些有利于农作物生长的适宜条件罢了；从四季那里可以了解到的，不过是它们所显现的可以安排农业生产的四时节气变化规律罢了；从阴阳变化可以了解到的，不过是阴阳调和中所显现的治理国家的道理罢了。圣人任用掌管天文历法的人来观察天象，但他们只是负责观察罢了，而圣人自己却是按照上面所说的道理来治理国家。

释义

　　这几句都在阐述圣人有所不为、有所不虑，指圣人对于"天""地""四时""阴阳"的了解，仅止于一些可见的现象，其余的都属于圣人"所不为""所不虑"的范围，所以在文中都用到了一个"已"字。"其见象之可以期者"，指可以用来确定时节、日期的天文现象，比如可以确定夏至日与冬至日的"日长至"与"日短至"，可以确定春分、秋分的"日夜分"，等等。从这段话可以看出，圣人只了解他能够了解的东西，而不会费劲气力去探索自然为什么会有这样的规律；圣人只是通过观察到的自然规律来帮助自己制定国家政策，而不会受天地自然变化的影响，确定国家的政策。这就是上文所说的"自为守道"。圣人有所为、有所不为，有所虑、有所不虑，取舍的标准还是在于是否会对人类的社会生活产生影响。

原文

　　星队①、木鸣②，国人皆恐。曰：是何也？曰：无何③也，是天地之变，阴阳之化，物之罕至者也。怪④之可也，而畏之非也。夫日月之有蚀，风雨之不时⑤，怪星之党见⑥，是无世而不常⑦有之。上明而政平⑧，则是⑨虽并世⑩起无伤⑪也；上暗而政险⑫，则是虽无一至⑬者无益也。

——《天论》（节录十）

注解：① 星队：流星坠落。队，同"坠"。② 木鸣：古代祭神用的树因为风吹而发出声音，所以古人认为很怪异。木，指祭祀用的树。③ 无何：没什么。④ 怪：感到奇怪。⑤ 不时：不合时节。指风雨突然袭击。⑥ 怪星：指扫帚星之类。党（tǎng）：同"倘"，或许，偶然。见：同"现"。⑦ 常：通"尝"，曾经。⑧ 上：指君主。明：贤明。平：（政治）稳定清明。⑨ 是：指前面提到的那些反常的自然现象。⑩ 并世：同时代。⑪ 伤：妨害。⑫ 暗：愚昧，昏庸。险：险恶，指暴虐。⑬ 至：这里是出现的意思。

今译

流星坠落、树木发出声响，人们都感到恐慌。说：这是为什么呢？回答说：这没有什么啊，这些只是自然界的变异，阴阳二气的变化，事物中罕见的现象啊，感到这些现象奇怪是可以的，但是惧怕这些现象却错了。太阳、月亮发生日食、月食，暴风骤雨不合时节地突然袭击，扫帚星或许偶然出现，这些现象没有哪个时代不曾有过。如果君主贤明并且政治稳定清明，那么即使这些现象在一个时代同时出现，也不会有什么妨害；如果君主愚昧昏庸并且政治暴虐，那么这些现象即使一种都没出现，也是毫无帮助的。

释义

古人对自然世界的认识能力有限，所以遇到"星队（坠）""木

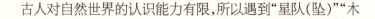

鸣"之类的情形就会产生疑惑,甚至是恐慌。有疑惑是正常的想法,但是恐慌却过分了。因为这些情况都是天地运行过程中的自然现象,它们的出现自有它们的规律,"是无世而不常有之",和人类社会的问题并没有直接对应的联系,所以,将"星队(坠)""木鸣"这些情况和人类社会中的问题一一对应起来,是一种愚昧的思想,归根结底还是人将自己的命运寄托在天地自然上,而没有承担起自己的职责。

在中国古代哲学中,"天人合一"一直是一个非常重要的命题,但是后人往往错误、狭隘地理解"天人合一",认为自然界中发生的任何情况,都是和人类社会直接相关的,这就造成了有些人过多地关注天象,试图只用天意来解释人类社会中的问题,从而忽略人的责任,推卸人在人类社会中所起到的重要作用。所以,荀子特别指出"上明而政平,则是虽并世起无伤也;上暗而政险,则是虽无一至者无益也"。可见,关键在于君主是否贤明,政治是否清明。

荀子的"天人之分"理论对中国古代天人学说做出了重要贡献,他强调了人的作用和天的作用是同样重要的,而且,对于人类社会来说,人的影响比天的影响更大,所以人应该多考虑自己应该做和可以做的事情!

人祸可畏

原文

物之已至①者,人祆②则可畏也。

楛③耕伤稼，耘耨失薉④，政险失民⑤，田薉稼恶⑥，籴贵⑦民饥，道路有死人，夫是之谓人祅。

政令不明，举错不时⑧，本事⑨不理，夫是之谓人祅。

礼义不修⑩，内外无别，男女淫乱则父子相疑⑪，上下乖离⑫，寇难⑬并至，夫是之谓人祅。

祅是生于乱，三者错⑭，无安国⑮。其说甚尔⑯，其灾甚惨。勉力不时⑰则牛马相生⑱、六畜⑲作祅，可怪也而不可畏也。

传曰："万物之怪，书不说。无用之辩，不急之察⑳，弃而不治。"若夫君臣之义、父子之亲、夫妇之别，则日切瑳㉑而不舍也。

——《天论》（节录十一）

注解：① 至：出现，发生。② 人祅（yāo）：人为的灾祸。③ 楛（kǔ）：粗糙，粗劣。④ 耘耨（nòu）失薉（huì）：耘耨，耕耘。失，错失。薉，通"秽"，荒芜。⑤ 政险失民：险，暴虐。民，民心。⑥ 恶：不良，不好。⑦ 籴（dí）贵：粮价贵。籴，买粮食。⑧ 错：通"措"，施行的措施。不时：不合时宜。⑨ 本事：指农业生产。⑩ 修：整顿。⑪ 疑：猜疑，不信任。⑫ 上下：指君臣。乖离：背离。⑬ 寇难：由内乱外患所造成的灾难。⑭ 三者：指三种人为的灾祸。错：交错，交替。⑮ 安国：国泰民安。⑯ 尔：同"迩"，近，浅近。⑰ 勉力：发动劳役。不时：不按照农时。⑱ 牛马相生：牛生出像马一样的怪胎，马生出像牛一样的怪胎。⑲ 六畜（chù）：指马、牛、羊、鸡、狗、猪。⑳ 不急：不切需要，不切实际。察：考察。㉑ 切瑳：切磋。瑳，通"磋"。

在已经发生的事情中,人为的灾祸是最可怕的了。

粗放地耕种伤害庄稼,错失了耕种的合适时机而荒芜,政治暴虐而失去民心,田地荒芜,庄稼长得不好,粮价昂贵,百姓挨饿,道路上有饿死的人,这就叫作人为的灾祸。

政策法令不明确,采取的措施不合时宜,不重视对农业生产的管理,这就叫作人为的灾祸。

对礼义不加整顿,内外没有分别,男女淫荡混乱,这就会导致父子之间互相猜疑,君臣之间互相不信任,离心离德,内忧外患同时到来,这就叫作人为的灾祸。

人为的灾祸产生于混乱,上述这三种人为的灾祸交替发生,就不会有国泰民安的情形了。这个道理说起来很浅显,但它所带来的灾难却非常惨重。发动劳役时不顾农时,那么牛就会生出像马一样的怪胎、马就会生出像牛一样的怪胎,六畜就会出现怪异的现象,这是应该感到奇怪的事情,但是却不值得害怕。

古书上说:"天底下的怪现象,书上是不会写的。没有用的辩说,不切实际的考察,这些都应当抛弃掉,不用去研究。"至于君臣之间的道义,父子之间的亲情,夫妇之间的区别,则应该天天研究琢磨,不能有片刻的停止。

天灾可怕,而人祸更可怕。天灾可救,但人祸却难治啊! 看看今日世界上的种种异象,为什么科技越来越发达,物质越来越充裕,而灾祸的发生却越来越频繁呢? 这其中究竟有多少是天灾? 又有多少是人祸啊!

在农业社会中,农耕是社会稳定的基础。如果政治暴虐,失去民心,就会使百姓没有心思和能力精耕细作,社会失去了农耕这个基础,就会饿殍遍地,路有白骨,那么就离国家动荡不远了。

所以，重视农耕生产是农业社会统治者应该做和能够做的事情。

统治者除了要施行仁政之外，还要推行正确的政治制度，鼓励百姓勤劳耕作，帮助百姓能够顺应自然规律去耕作。否则，人的天性中懒散、不好的一面必然会影响农耕劳动，影响农业生产的发展。虽然不一定会生出怪胎、出现怪异的现象，但是农耕生产出现混乱是必然的，这样不也是人祸吗？

统治者如果不重礼义，那么国民也不会推崇礼义。国家没有一定的礼义制度，家庭也不会有一定的规矩，人本性中不好的因子就会趁机影响人的举止行为，这种混乱都是由于不重礼义造成的。

不重农耕、政令不明、礼义不修，这三种人为的灾祸哪怕只是发生了其中一种，就会对国家的安定造成威胁。更可怕的是，这三种灾祸往往是交替发生的。礼义不修，就会人心背离，就不会有人安心于农耕生产；礼义不修，就会上下背离，统治者制定的政令就不可能明确而有针对性。所以，在这三种人为的灾祸中，不修礼义是最可怕的。反过来说，如果能够重视礼义，那么政令也容易更明确、更有针对性，农耕生产就能更好地发展。

知 人 顺 天

原文

天职^①既立，天功^②既成，形^③具而神生，好恶、喜怒、哀乐臧^④焉，夫是之谓天情^⑤；耳目鼻口形能^⑥各有接^⑦而不相能^⑧也，夫是之谓天官^⑨；心居中虚以治五官^⑩，夫是

之谓天君。

　　财非其类⑪以养⑫其类,夫是之谓天养⑬;顺其类⑭者谓之福,逆其类者谓之祸,夫是之谓天政⑮。

　　暗其天君⑯,乱其天官⑰,弃其天养⑱,逆其天政⑲,背其天情⑳,以丧天功㉑,夫是之谓大凶。圣人清其天君㉒,正其天官㉓,备㉔其天养,顺其天政,养其天情㉕,以全其天功。

　　如是,则知其所为,知其所不为矣,则天地官而万物役㉖矣。其行曲治㉗,其养曲适㉘,其生不伤,夫是之谓知天。

　　——《**天论**》(节录十二)

　　注解:①天职:上天的职能。②天功:上天的功效。③形:人的形体。④臧:通"藏"。⑤天情:人自然具有的情感。⑥形能:就是"形态"的意思,这里指身体形态。⑦各有接:指耳朵能够听到声音,眼睛能够看到东西,鼻子能够闻到气味,嘴巴能够尝出味道,身体能够感受寒热痛痒。接,接受,感受,感知。⑧不相能:指耳、目、鼻、口、身体的各种感知能力不能够相互代替。⑨天官:人自然具有的感官。⑩心居中虚以治五官:中虚,人的中心空虚之地,指胸腔。治,支配,统治。五官,五种器官,这里指耳、眼、口、鼻、身体这五种感官。古人认为心脏是思维的器官,所以说心可以"治五官",并且在后一句中把心比作"天君"。⑪财:通"裁",裁夺,利用。非其类:人类以外的事物,比如饮食、衣服等。⑫养:供养。⑬天养:老天自然的供养。⑭顺其类:利用自然万物来供养自己。顺,顺应,这里是说顺应人类利用自然万物供养自身的规律。⑮天政:天然的政治原则。政,政治,这里指有赏有罚的原则。⑯ 暗其天君：使自己的思想昏乱糊涂。⑰ 乱其天官：放纵自己享受美色、美食，过度地淫乐。⑱ 弃其天养：不能踏踏实实地劳作，不能从事农业生产，不能做到节约花费。⑲ 逆其天政：违反了天然的政治原则，不能治理好臣民。⑳ 背其天情：喜怒哀乐没有节制。㉑ 天功：上天生成万物的成效。㉒ 清其天君：使自己的思想保持清醒。㉓ 正其天官：保持自己天然的感官的正常感知能力，不过分地享乐。㉔ 备：使（老天所提供的能够自然供养生活的东西）完备。㉕ 养其天情：调和喜怒哀乐的自然情感，不过分地喜怒哀乐。㉖ 官：任用，指天地各自能够得到任用，发挥作用。役：役使，驱使。㉗ 其行：人的行动。曲治：各方面都治理得很好。曲，周到，各个方面。㉘ 其养：养育人民的方法，引申为统治人民的方法。养，养育人民。曲适：各方面都恰当。

今译

　　天的职能已经确立，天的功效已经形成，人的形体也具备了，于是人的精神也就产生了，爱好与厌恶、高兴与愤怒、悲哀与欢乐等情感蕴藏在人的形体和精神里面，这就叫作人自然的情感。耳朵、眼睛、鼻子、嘴巴、身体，各有不同的接触并感知外界事物的能力，但这些能力不能互相替代，这就叫作人天生的感官。心处在身体中部空空的胸腔内，从而支配着五种感官，这就是人天生的主宰者。

　　饮食、衣服等万物，不是人类的同类，但是人类却能够利用它们来供养自己的身体，这就是老天自然的供养。人类能够利用自然万物来供养自身就是福气，不能够利用自然万物来供养自身就是祸患，这就是天然的政治原则。

　　如果人的思想昏乱糊涂，放纵自己享受美色、美食，过度地淫乐，不能踏踏实实地劳作，不能从事农业生产，不能做到节约花费，君主的统治违反天然的政治原则，不能治理好臣民，喜怒哀乐没有节制,从而失去了上天自然生成万物的成效,这就是大灾难了。但是圣人却能够使自己的思想保持清醒,使自己保持正常的感官享受能力,而不过分地享乐,使老天所提供的能够自然供养生活的东西完备,顺应天然的赏罚原则,并且调和喜怒哀乐的自然情感,而不过分地喜怒哀乐,从而来保全上天生成万物的功效。

　　像这样的话,人就知道自己应该做什么事情,不应该做什么事情了,那么天、地就都能充分发挥它们的作用,万物也都能被人类操纵、利用了。君主能够以行动把各方面都治理得很好,统治人民的方法也十分得当,万物都能得到生长的机会而不会被伤害,这就叫作了解天。

释义

　　从今天的科学来看,主宰人的情感精神的是大脑而不是心。但是古人并不了解人体结构,所以将心看作是人的精神的主宰,也是可以理解的。我们没有必要纠缠于古人对人体构造的误解,而是应该关注荀子对人的认识。

　　在荀子看来,天、地、人之间的关系是"相参",就是人能够利用天地提供的东西来供养自身,创造自己的文化。所以,善于利用自然就是一种福气,不善于利用自然当然就会带来祸患。统治者治理国家、制定政策,一定要充分合理地利用自然万物。

　　人的天性中有不好的一面,所以如果放纵自己的天性,就会违反天然的政治规律,从而给国家带来灾难。但是人也是有智慧的,凭借这种智慧,人可以建立礼义文明,克制自己过分享乐的欲望,从而摆脱天性中的恶,进入美和善的境界。圣人就是能够做到时刻保持思想清醒、调和自然感情的人,做到了这点,上天生成万物的功效就不会被人为的错误行为所抵消。天、地和人就能各行其道,各安其事,这样的国家自然是安定的。

　　"知其所为，知其所不为"是一种大智慧。"所为"在这里可以被理解为"应该做和能够做的事情"。应该做什么，是由天地自然的特征和国家社会的需求决定的，能够做什么是由人的自身条件决定的。只有明白了应该做什么和能够做什么，人所做的事情才是符合规律的，这也是一种意义上的"以人为本"，也就是荀子所说的"知天"。

第五单元

明分使群

在荀子的思想中,"明分"就是形成人与人之间稳定联系的基础。一个社会必然有不同的阶层,这是由事物的特性所决定的。各个阶层中的人必须清楚地认识自己的身份,并且做与自己的身份相符合的事情,才能保持社会的稳定。这就是荀子所说的"分"。

遵循礼义是形成稳固的等级名分的关键,只要等级名分稳固,人就可以各安其位,和睦相处。

荀子所说的"分",不但指政治上的等级区分,还包括对物质财富的不同分配。

荀子认为,当一个社会中的人们都能够安于自己的地位,做与自己的身份相符合的事情时,"群"的概念就出来了。作为统治者,应该使国家中各个阶层的人都从属于某一个"群",这样才能使社会稳定和谐。

本单元从"人贵能辨、处国有制、以礼养欲、传统丧礼、饮酒礼仪"这五个主题来阐释荀子"明分使群"的观点。

人 贵 能 辨

人之所以为人者何已①也？曰：以其有辨②也。饥而欲食，寒而欲暖，劳而欲息，好利而恶害③，是人之所生而有④也，是无待而然者⑤也，是禹、桀之所同也。然则人之所以为人者，非特⑥以二足而无毛也，以其有辨也。

——《非相》（节录一）

注解：①已：同"以"，由于。②辨：指上下、贵贱、长幼、亲疏的等级区分。③好（hào）利而恶（wù）害：喜欢得到好处，厌恶受到祸害。④生而有：天生就有的。⑤无待而然者：指自然拥有的，不需要后天学习就有的天性。⑥特：只是。

今译

人之所以成为人，是因为什么呢？答：因为人能区分上下、贵贱、长幼、亲疏等各种等级秩序。饿了就想吃饭，冷了就想取暖，累了就想休息，喜欢得到好处而厌恶受到祸害，这是人生来就有的本性，是不需要后天学习就具备的本性，这种本性也是大禹和夏桀都同样拥有的。既然这样，那么人之所以成为人，并不只是因为人长了两只脚，身上没有毛，而是因为人能区分各种等级秩序。

释义

"辨"字是荀子这段话的核心。"辨"指的是人能够区分上下、贵贱、长幼、亲疏等各种等级秩序。这是荀子理想中的人类社会的应有秩序。因为人是具有社会性的,如果人还只是停留在"饥而欲食,寒而欲暖,劳而欲息,好利而恶害"的欲望层面上,那么和禽兽有什么分别呢?这样的人,其自然属性大于社会属性,是还没有得到礼义教化的人,无论是大禹的时代还是夏桀的时代,这样的人都是自然存在的。而大禹和夏桀的区别就在于大禹统治下的社会中,人更具有社会属性。

那么,人的社会属性体现在什么方面呢?在荀子看来,一个社会必须有不同的阶层,这是由事物的特性所决定的。各个阶层中的人,必须认可自己的身份,并且做与自己的身份相符合的事情,才能保持社会的稳定。所以,人与禽兽的区别就在于人能够分辨出等级秩序。这就是荀子所说的"然则人之所以为人者,非特以二足而无毛也,以其有辨也"。

原文

水火有气①而无生,草木有生而无知②,禽兽有知而无义③,人有气、有生、有知亦且有义,故最为天下贵也。

力不若④牛,走不若马而牛马为用⑤,何也?曰:人能群⑥,彼不能群也。人何以⑦能群?曰:分⑧。分何以能行⑨?曰:以义。故义以分则和⑩,和则一⑪,一则多力,多力则强,强则胜物⑫,故宫室可得而居⑬也。故序⑭四时,裁⑮万物,兼利⑯天下,无它故焉,得之分义⑰也。

故人生不能无群,群而无分则争。争则乱,乱则离⑱,离则弱⑲,弱则不能胜物,故宫室不可得而居也,不可少顷⑳舍礼义之谓也。

——《王制》（节录四）

注解：① 气：古代哲学概念，指构成宇宙万物的元素，它是一种物质性的东西。② 知：知觉。③ 义：讲礼义，讲道义。④ 若：比得上。⑤ 为用：被（人类）役使。⑥ 群：指结合成一个社会群体。⑦ 何以：为什么。⑧ 分：等级名分。⑨ 行：实行。⑩ 义以分则和：按照礼义确定名分，人们就能和睦协调。⑪ 一：团结一致。⑫ 胜物：战胜外物的侵袭。⑬ 宫室可得而居：人有可能安居在房屋里。⑭ 故：相当于"夫"，句首发语词。序：排列顺序。⑮ 裁：管理。⑯ 兼利：使（天下）都得到利益。⑰ 得之分义：从名分和礼义中得来，句子中省略了"于"。⑱ 离：离心离德。⑲ 弱：力量被削弱。⑳ 少（shǎo）顷（qǐng）：片刻。

今译

　　水、火有气却没有生命，草木有生命却没有知觉，禽兽有知觉却不懂礼义，人有气、有生命、有知觉，而且讲究礼义，所以人在天下万物中是最尊贵的。

　　人的力气不如牛大，跑起来也不如马快，但是牛、马却被人类役使，为什么呢？答：人能结合成社会群体，但牛、马不能。人为什么能结合成社会群体？答：因为人类社会有等级名分的区别。人类社会中等级名分为什么能实行？答：因为有礼义。所以，按照礼义确定名分，人们就能和睦协调，和睦协调就能团结一致，团结一致，力量就强大，力量强大了，人类的社会就强盛，人类社会强盛了，就能战胜外物的侵袭，所以人才有可能安居在房屋中。人能够依次排列四季变化的顺序，管理好万事万物，使天下万物都得到利益，其中并没有别的缘故，就是因为有名分的区别和礼义的约束。

所以，人活着就不能离开社会群体，在社会群体中如果没有等级名分的区别就会发生争夺，一旦发生争夺就会产生社会动荡，一旦产生社会动荡就会使百姓离心离德，百姓离心离德就会削弱人类社会的统治力量，统治力量被削弱就无法战胜外物的侵袭，所以人也就不能安居在房屋中了，这就是所说的人不能有片刻的时间舍弃礼义。

释义

这几段讲人与一般事物乃至生物的区别，核心是两个字："群"和"义"。水火、草木、禽兽、人，这是世间万物的四个阶层，人因为"能群"，所以是世间最尊贵的一个阶层，处于金字塔的顶端。

为什么"人能群"就会使人"最为天下贵"呢？荀子展开了层层相递的论述：

人拥有其他事物所有的特征，还具备其他事物所没有的特性。人"有气、有生、有知亦且有义"，这"四有"当中，"义"是最关键的一点。

首先，因为有"义"，人就能够按照礼义制度的要求认识自己在整个社会中的地位。人是有社会属性的，谁都不能离群索居，独自生存。所以，在一个群体中，人就必须找到自己的位置。否则，上下不分，长幼无序，这个群体就是松散的，没有人能够领导统治。而"礼义"包含着等级制度的内容，所以依靠礼义的力量，人的群体可以明确等级名分，从而避免发生社会动荡。

其次，因为有"义"，所以人才会懂得按照礼义制度的规定做事，而不会胡作非为。一个不学礼、不循礼的人，对自己的天性没有约束，也无法改变天性中的恶，所以也就算不得是一个真正意义上的人了。

所以，"义"是"人能群"的基础。

再回过头看这个"群"字。俗话说，团结就是力量。这句话用来解释"人能群"，倒也是很贴切的。"群"可以是一个松散的组织，也可以是联系紧密的组织。从社会秩序稳定的要求来看，人与人之间所组成的必然应该是联系紧密的组织。所以，在荀子的理论中，只要遵循礼义，就能够形成稳固的等级名分，只要等级名分稳固，人就可以各安其位，和睦相处。因此，团结能够产生力量的前提是：遵循礼义，确定等级名分。

处 国 有 制

原文

　　分均则不偏①，势齐则不壹②，众齐则不使③。有天有地而上下有差④，明王始立而处国有制⑤。夫两贵⑥之不能相事⑦，两贱⑧之不能相使⑨，是天数⑩也。势位齐而欲恶⑪同，物不能澹⑫则必争，争则必乱，乱则穷⑬矣。先王恶其乱也，故制礼义以分⑭之，使有贫富贵贱之等⑮足以相⑯兼临⑰者，是养⑱天下之本也。

——《王制》（节录五）

注解：① 分（fèn）：名分，职位等级。均：平均，平等。偏：部属，这里用作动词，意思是统率、指挥对方。② 势：权势，地位。齐：相同。壹：统一。③ 众：众人。使：役使。
④ 差：差别。⑤ 明王：贤明的君主。始：刚刚，才。处国：治
理国家。有制：有等级制度。⑥ 两贵：两个同样高贵的人。
⑦ 相事：互相侍奉。⑧ 两贱：两个同样卑贱的人。⑨ 相使：
互相役使。⑩ 天数：上天安排的命运。⑪ 恶（wù）：厌恶。
⑫ 澹（shàn）：通"赡"，满足。⑬ 穷：困境。⑭ 分：区分。
⑮ 等：等级，差别。⑯ 相：指被统治的人。⑰ 兼临：全面统
治。⑱ 养：养育，这里引申为统治。

今译

　　名分职位相等了，就谁也不能指挥谁；权势地位相同了，就
谁也不能统一谁；众人平等了，就谁也不能役使谁。自从有了
天、有了地，就有了上和下的差别；贤明的君主刚一登上王位，治
理国家就有了一定的等级制度。两个同样高贵的人不能互相侍
奉，两个同样卑贱的人不能互相役使，这是上天安排的必然现
象。如果人们的权势地位相等，爱好与厌恶的对象也必然是相
同的，那么由于财物不能满足需要，就一定会发生争夺；一旦发
生争夺就一定会引起混乱，社会混乱就会使国家陷入困境。古
代圣明的君主痛恨这种混乱，所以制定了礼义来加以区分，使人
们有贫穷与富裕、高贵与卑贱的差别，使自己能够凭借这些差别
来全面统治他们，这是统治天下的根本原则。

释义

　　在这段话中，荀子阐释了人类社会中名分等级存在的必要
性，他是从统治者的角度来思考这个问题的。
　　君主统治臣民，给他们安排一定的职位和承担的事情，使臣
民能够赖以生存，这个统治的过程就叫作"养"。既然如此，统治
者和臣民之间就一定要有地位贵贱的差别。能够认识到不同人

之间存在地位贵贱的差别,人们就会安于自己的处境,甘心接受统治者的统治,不会妄图改变现实命运,天下人就能够步调一致,国家也就安定了。否则,谁也无法安于自己的位置,国家就会发生动乱。所以,对于统治者来说,准确地区分各阶层之间的差别,是统治天下的根本原则。

荀子再次强调:准确地区分各阶层之间的差别,要以礼义为基础,"制礼义以分之"。所以,尊崇礼义是一个国家的治国之本。

以 礼 养 欲

原文

礼起于何也?曰:人生而有欲,欲而不得则不能无求,求而无度量分界①则不能不争。争则乱,乱则穷②。先王恶③其乱也,故制礼义以分④之,以养⑤人之欲、给⑥人之求。使欲必不穷乎物⑦,物必不屈⑧于欲,两者相持而长⑨,是礼之所起⑩也。

——《礼论》(节录六)

注解:① 度量:限度,限量。分界:界限。② 穷:困境。③ 恶(wù):厌恶。④ 分(fèn):区别等级界限。⑤ 养:调节,调养。⑥ 给(jǐ):满足。⑦ 穷乎物:因为物质的不足而得

不到满足。⑧ 屈（jué）：竭尽。⑨ 相持：相互制约。长
（zhǎng）：增长，发展。⑩ 起：起源。

今译

礼是在什么情况下产生的呢？回答说：人生来就有欲望，如果想要什么却不能得到，就不可能不去追求；如果一味追求而没有限度，就不能不发生争夺；一旦发生争夺就会产生祸乱，一旦有祸乱，人类社会就会陷入困境。古代的圣王厌恶这种混乱的局面，所以制定了礼义来区分等级界限，以此来调节人们的欲望，满足人们的要求，使人们的欲望一定不会因为物质不足的原因而得不到满足，而物质也一定不会因为人们的欲望无穷无尽而被耗尽，物质和欲望这两者在互相制约中共同发展，这就是礼的起源。

释义

荀子主张以礼义治天下，那么，"礼"为什么会产生呢？这段话阐释了"礼"的起源。

"礼"的产生源自于人们对物质的无限追求。"礼"具有约束的作用，所以当人们因为物质欲望不能得到满足而陷入争斗时，"礼"能够"养人之欲""给人之求"，维持社会的稳定秩序。

再深入来看，"礼"具有等级制度、道德规范和礼仪形式等多种内容，所以荀子对礼在维护社会安定方面的作用有很高的期待。荀子认为，遵循礼的国家，人们就不会拥有过分的欲望，各个阶层的人各安其位，各尽其事，只做自己能做的事情，只追求自己能够得到的东西，那么争斗和祸乱就不容易发生了。所以，阐释"礼"的起源，也就阐明了"礼"在国家统治上的作用。

传统丧礼

原文

　　故三年以为隆①，缌、小功以为杀②，期、九月以为间③。上取象于天④，下取象于地⑤，中取则⑥于人，人所以群居和一之理尽⑦矣。故三年之丧，人道之至文⑧者也。夫是之谓⑨至隆⑩，是百王之所同，古今之所一⑪也。

——《礼论》（节录十）

　　注解：①隆：隆重。②缌(sī)：细麻布，这里指细麻布制成的丧服，服期三个月，是古代五种丧服中最轻的一种，用在为关系较远的亲属、亲戚如高祖父母、曾伯叔祖父母、外祖父母、岳父母等人服丧。小功：丧服名，这里指用较细的熟麻布制成的丧服，服期五个月，男子对曾祖父母、堂伯、堂叔等都服小功。杀(shài)：减省。③期(jī)：服一年的丧。九月：服九月的丧。间：在隆重的礼和简省的礼之间，这里指中等的礼。④上取象于天：服丧三年取法于农历每三年设置一个闰月，服丧一年取法于天时每年循环变化一次，服丧九月取法于天地的阳数"九"，服丧三月取法于天时的一季。⑤下取象于地：服丧五月取法于地有东、西、南、北、中五方或金、木、水、火、土五行。⑥则：法则。⑦群居：共同居住。和一：和谐统一。理：道理。尽：完全。⑧至文：最完善的礼仪制度。

⑨ 是之谓：这就叫作。⑩ 至隆：最隆重的礼仪。⑪ 一：
一致。

所以服丧三年是最隆重的礼，穿细麻布的丧服、服丧三
个月和穿熟麻布的丧服、服丧五个月的是减省的礼，服丧一
周年、服丧九个月是中等的礼。礼的制定，向上是从上天的
规律中得到启发的，向下是从地理的规律中得到启发的，中
间又从人类社会的规律中得到启发，人类之所以能够共同居
住，并且和谐相处的道理就全部被体现在这里了。所以服丧
三年，是人类最完善的礼义制度。这就叫作最隆重的礼，这
是历代帝王都共同遵循的制度，是古人和今人一致遵守的礼
义原则。

这一段是对中国传统文化中丧礼的具体阐释。

礼的制定是从天、地、人这三种力量中得到的启示，所以礼
符合了人类社会期待安定协调的需求。同时，因为人类社会等
级名分的必然存在，所以也相应规定了不同程度的丧礼。活着
的时候，一个人安处自己的位置，做好自己本分的事情，严格遵
循礼的规范要求，那么，当他死后，为他服丧的人也不能违反礼
的要求，任意胡为。从对待死者的态度上就可以看出，中国古人
对礼是何等地重视了！

饮酒礼仪

原文

吾观于乡①而知王道之易易②也。主人亲速宾及介③，而众宾皆从之，至于门外，主人拜宾及介而众宾皆入，贵贱之义④别矣。

三揖至于阶⑤，三让以宾升⑥，拜至，献酬⑦，辞让之节繁⑧。及介省⑨矣。至于众宾，升受⑩，坐祭⑪，立饮⑫，不酢而降⑬，隆杀之义辨矣⑭。

工⑮入，升歌三终⑯，主人献之；笙⑰入，三终，主人献之；间歌⑱三终，合乐⑲三终，工告乐备⑳，遂出。二人扬觯㉑，乃立司正㉒。焉知其能和乐而不流㉓也。

宾酬㉔主人，主人酬㉕介，介酬众宾，少长以齿㉖，终于沃者㉗。焉知其能弟长而无遗㉘也。降㉙，说屦㉚，升坐㉛，修爵㉜无数。饮酒之节㉝，朝不废朝㉞，莫㉟不废夕。宾出，主人拜送，节文终遂㊱。焉知其能安燕㊲而不乱也。

贵贱明，隆杀辨，和乐而不流，弟长而无遗，安燕而不乱，此五行㊳者是足以正身安国㊴矣。彼国安而天下安，故曰"吾观于乡而知王道之易易也"。

——《乐论》（节录二）

注解：①乡：这里指乡中饮酒的礼仪。②王道：施行先

王的政治原则。易易：非常容易。③ 主人：指乡大夫，就是主管乡中政教禁令的官。亲：亲自。速：邀请，指到贤者的家里亲自迎接。宾及介：都是宾客的意思，宾指贤者，介指中等地位的宾客。④ 义：同"仪"，礼仪制度。⑤ 揖（yī）：古代的拱手礼。至于阶：登上台阶。⑥ 让：谦让。以：然后。升：登上厅堂。⑦ 拜至：对来的宾客行跪拜礼。献酬：主人拿酒献给宾客，宾客用酒回敬，主人再自斟自饮来答谢宾客。⑧ 辞让：推辞谦让。节：礼节。繁：繁多。⑨ 及：至于。省：省略。⑩ 升：升堂，登上厅堂。受：接受主人的献酒。⑪ 坐祭：坐着祭酒。⑫ 立饮：站着喝酒。⑬ 酢（zuò）：客人用酒回敬主人。降：走下台阶，退下堂去。⑭ 隆：隆重。杀（shài）：减少，减省。义：同"仪"，礼仪。辨：指分辨得清楚。⑮ 工：乐工，歌舞演奏艺人。⑯ 升：登上厅堂。终：将一首歌曲或乐曲从头到尾唱或演奏一遍，这里指演奏、歌唱一篇诗。⑰ 笙（shēng）：吹笙的人。⑱ 间（jiàn）歌：堂上乐工先歌唱一曲，然后堂下吹笙的人吹奏一曲。间，间隔，轮流。⑲ 合乐（yuè）：唱歌的与演奏的一起合演。⑳ 工：乐工。告：报告。乐：这里专门指乡饮酒礼的音乐。备：完备，完毕。㉑ 二人：指主人的两个侍从。扬：举起。觯（zhì）：古代饮酒的圆形器皿。㉒ 司正：专门负责监督正确地行使礼仪的人。㉓ 焉：从这里。和乐：和睦快乐。流：放荡。㉔ 酬（chóu）：回敬。㉕ 酬：答谢。㉖ 少长以齿：按照年龄的大小排列酬谢的先后次序。齿，年龄。㉗ 终于：最终。沃（wò）者：洗酒器的人。㉘ 焉：从这里。弟：这里用作动词，是尊重年轻人的意思。长（zhǎng）：这里是尊重长者的意思。遗：遗漏。㉙ 降（jiàng）：走下台阶，退下堂去。㉚ 屦（jù）：鞋。㉛ 升坐：登上厅堂就坐。㉜ 修爵（jué）：依次敬酒。修，行。爵，酒杯。㉝ 节：规则，分寸。㉞ 朝（zhāo）不废朝（zhāo）：在早晨饮酒不耽误早上的工作。㉟ 莫：同"暮"，傍晚。㊱ 节文：礼节仪式。遂：完成。㊲安燕：安然。燕，通"宴"，安逸快乐。
㊳行：品行。㊴正身：端正个人的品行。安国：安定国家。

今译

　　我看到了乡中请人喝酒的礼仪，就知道先王的政治原则实施起来是很容易的了。主人亲自到贤者家里去邀请各种宾客，其他陪同的一般客人都跟着他们。到了主人门外，主人向贵宾和陪客拱手鞠躬，陪同的一般客人则不需要向他们行礼就进门了；客人地位尊卑贵贱的不同就通过礼节仪式区分开了。

　　主人拱手作揖三次，贵宾才登上台阶，再谦让三次，贵宾才会登上厅堂。之后主人向贵宾行跪拜礼，主客双方互相献酒，推辞谦让的礼节是十分繁多的。至于中等地位的客人，那么礼节就省略得多了。至于一般的客人，则是先登上厅堂，接受主人献酒，然后坐着祭酒，站着饮酒，用不着用酒回敬主人就退下堂去了。这样，隆重与简省的礼仪就可以分辨得很清楚了。

　　乐工进来，登上厅堂，歌唱了三曲，主人敬酒；吹笙的人进来，吹奏了三曲，主人敬酒；然后乐工先歌唱一遍，吹笙的人吹奏一遍，这样反复轮流三次，乐工和吹笙的人再一起歌唱、演奏三曲，最后由乐工宣布乡饮酒礼的音乐吹奏完毕，于是退了出去。主人的两个侍从举起酒杯向众人敬酒，还专门设置了监督正确行礼的人，由此可知整个过程都能做到和睦快乐却不放荡。

　　贵宾向主人敬酒表示答谢，主人向中等的客人敬酒表示答谢，中等的客人向一般客人敬酒表示答谢，宾主都根据年龄的长幼依次酬谢，最后轮到酬谢主人手下洗酒器的人，从中可以看到他们能够尊重年轻人和年长者，不遗漏一个人。退下堂去，脱去鞋子，再登上厅堂就座，互相依次不断地敬酒。饮酒的分寸是，在早晨饮酒不耽误早上的工作，在傍晚喝酒不耽误晚上的事情。贵宾出门，主人要行礼送行，这样礼节仪式就完成了，从中可以看到人们在饮酒时也能够安逸快乐但不过分,都能遵守礼节制度。

　　高贵者和卑贱者区别清楚,隆重的礼仪和减省的礼仪分别开来,和睦安乐而不放荡,尊重且不遗漏每一个人,安逸快乐但不过分。这五种品行足够用来端正个人的品行和使国家安定了。国家安定了,那么整个天下也就安定了。所以说,"我看到了乡中请人喝酒的礼仪,就知道先王的政治原则实施起来是很容易的"。

释义

　　古代乡大夫往往以贤能的处士作为宾客,邀请他们饮酒来商量事情。在饮酒的礼仪中,最贤能的人叫宾,德行稍次于宾的叫介,介在礼仪上的地位次于宾,一般作为宾的辅佐;德行次于介的叫众介,地位在宾客中最低。介是宾的主要陪同,而其他陪客就是众宾。从这样的区分就可以看出,中国社会的等级名分是自然形成的,并且融入了人情往来的日常生活中。对各个阶层的划分,在这里是通过德行的高下决定的,其实还是礼起到的作用!

　　古代饮酒的礼仪中,主人和客人互相敬酒,主人先向客人敬酒叫"献",客人用酒回敬主人叫"酢",主人再次向客人敬酒以表答谢叫"酬",客人向主人致答谢酒也叫"酬"。在今天的人看来,这样几次三番地酬谢,实在是不够畅快。殊不知,古人饮酒并不是为了满足享乐的欲望,而是在符合礼仪规范的前提下表达情意啊!所以,越是重要的客人,礼节越是繁多,喝酒不是主要的任务,完成礼节才是最重要的!

　　"歌三终",指把《诗经·小雅》中的诗歌《鹿鸣》《四牡》《皇皇者华》各唱一遍。"笙三终",指吹笙的人把《诗经·小雅》中的乐曲《南陔》《白华》《华黍》各奏一遍。"间歌三终",指乐工先唱《诗经·小雅》中的《鱼丽》，接着吹笙的吹奏《诗经·小雅》中的《由庚》；乐工再唱《南有嘉鱼》，吹笙的再吹《崇丘》；乐工再唱《南山有台》，吹笙的再吹《由仪》。"合乐三终"，指乐工在唱《诗经·周南》中的《关雎》《葛覃》《卷耳》时，吹笙的同时吹奏《诗经·召南》中的《鹊巢》《采蘩》《采蘋》。

这是一个繁复的过程，但是唯有这样的过程，才能保证饮酒过程的"和乐而不流"！

酒易乱性，历史上有多少人因为饮酒而误事，但是这里乡间饮酒的场景却是有节制、有分寸的。可见，以礼行事，哪怕是饮酒，也不会误事！今天仍然有许多地方的政府部门工作人员因为喝酒而耽误工作，或是行为懒散、态度拖沓，这样的乱象屡禁不止，所以，要做到"饮酒之节，朝不废朝，莫不废夕"不是一件容易的事情啊！

有智慧的人善于以小见大，所以圣贤之人能够从乡间饮酒的礼仪，看出明确等级名分对实施政治制度的巨大作用。

第六单元

君子形容

　　在荀子的书中，君子常常与小人相对而言。君子指有德行、努力向上向善的人，小人指没有德行、见利忘义的人。

　　君子内在高尚的德行，必然会外显为谦和的举止行为。所以，我们会看到做父兄的君子面容和蔼可亲，庄重、严肃、安详、洒脱，气度开阔、明朗坦荡；做子弟的君子面容谨慎诚恳，谦虚、温顺、亲切、正直、柔顺、恭敬。人内心诚恳安详的气度是无法伪装的，所以注重个人内心修为的磨炼，就能够自然而然地形成君子的形容。

　　本单元从"为人楷模、君子品性、君子仪容、君子之言、君子如向、谨慎其身、君子必辩、坚守正道、专一于道、不蔽之福"这些主题，阐释了君子谦和的举止行为究竟由何而来。

为人楷模

君子品性

君子仪容

君子之言

君子如向

谨慎其身

君子必辩

坚守正道

专一于道

不蔽之福

为 人 楷 模

　　君子之学也，入乎耳，箸^①乎心，布乎四体^②，形乎动静^③，端而言^④，蠕而动^⑤，一^⑥可以为法则^⑦。

——《劝学》（节录十二）

　　注解：① 箸（zhù）：同"著"，明显，这里指中心领会得十分深刻。② 布：散布，表现。四体：指人的四肢。③ 形：表现。动静：行动，动作，举止。④ 端而言：细微的语言。端，事物的一头，这里指十分细小。⑤ 蠕（rú）而动：细小的动作。蠕，微微动的样子。⑥ 一：全部，全都。⑦ 法则：准则，规则。

今译

　　君子学习，是真正地听在耳朵里，深刻地记在心上，能够表现在外在的身体仪态上，表现在自己的一举一动中。哪怕是极其细小的一言一行，都可以作为其他人学习的准则。

释义

　　学习是一个由外而内的过程。师长的教诲、经典的文字，都是我们身体之外的东西。聆听教诲、研读经典，如果只是把这作为一种知识积累的方式，那么是不可能真正地"入乎耳，箸乎心"的。"入乎耳"，就是要听进去，并且反复地品味、思考，这样才可能"箸乎心"，在内心留下深刻的印记，君子就是这样学习的。并且，君子对于自己学习的东西，一定是真正地相信，因为只有这样，他才可能在平时的言行举止中自然而然地践行所领悟到的真理。

君 子 品 性

原文

古之所谓仕士①者，厚敦②者也，合群者也，乐富贵③者也，乐分施④者也，远罪过者也，务事理⑤者也，羞独富⑥者也。

——《非十二子》（节录三）

注解：① 仕士：做官的人。② 厚敦：老实忠厚。③ 乐富贵：指注重道德。④ 分施：施舍，给别人恩惠。⑤ 务事理：研究事物的道理并且努力追求符合事理的做法。务，致力于，努力追求。⑥ 羞：认为羞耻。独富：独自富裕。

今译

古代所说做官的人，是老实忠厚的人，是团结群众的人，是注重道德的人，是乐意给别人恩惠的人，是远离罪过的人，是努力研究事理并且按照事理来办事的人，是把独自富裕看作耻辱的人。

释义

　　"厚敦""合群""乐富贵""乐分施""远罪过""务事理""羞独富",这是古代圣贤对做官的人提出的要求,也可以看作是做官的一些准则。我们用这些标准来衡量一下今天的许多官员,恐怕能够完全达到这个标准的人不多吧！首先是道德要求,混迹官场的人,有多少能够拥有"厚敦"的品性呢？不能拥有"厚敦"品性的人,又有多少能够严格律己,从而远离罪过呢？其次是处事方法,照今天的说法,做官便应该是为人民服务,那么,如果不能够按照事理来办事的话,又怎么能够真正符合人民的需求呢？最后是面对财富的态度,"乐分施"和"羞独富"赞扬的是同一种财富观,做官的人如果仍然将对财富的追求当作人生的头等大事,那么他的政治生命就离结束不远了。荀子对"仕士"品性的概括,体现了中国人对做官者的道德修养的期待,是一种美好的理想,虽然从不同角度对做官者提出了要求,但是这些品质之间是相互影响和促进的,所以也可以看作是统一的。

原文

　　古之所谓处士①者,德盛者也,能静②者也,修正③者也,知命④者也,著是⑤者也;今之所谓处士者,无能而云⑥能者也,无知而云知者也,利心无足而佯⑦无欲者也,行伪险秽而强高言谨悫⑧者也,以不俗为俗、离纵而跂訾⑨者也。

——《非十二子》(节录四)

注解：① 处（chǔ）士：隐士。② 能静：能够处于恬淡安静的状态。③ 修正：遵行正道，行为端庄。④ 知命：了解、认识天命或命运。⑤ 著（zhù）是：宣扬正确的主张。著，明显，显扬。⑥ 云：说，夸耀。⑦ 利心：贪图利益的心。无足：没有满足。佯（yáng）：假装。⑧ 伪：通"为"，行为。险秽：阴险肮脏。强：硬要，迫使。高言：吹嘘。谨悫（què）：谨慎诚实，厚重朴实。⑨ 纵：通"踪"，踪迹，指一般人的生活习惯。跂（qì）訾（zǐ）：显示自己与众不同。跂，踮起脚后跟看。訾，通"恣"，放纵，无拘束。

今译

古代所说的不出仕的隐士，是品德高尚的人，是能处于恬淡安静环境中的人，是善良正派、行为端庄的人，是知道天命的人，是宣扬正确主张的人。现在那些所谓的不出仕的隐士，是没有才能却自吹有才能的人，是没有智慧却自吹有智慧的人，是贪图利益的心永不能满足但又假装没有贪欲的人，是行为阴险肮脏但又硬要吹嘘自己谨慎老实的人，是把不同于世俗习惯作为自己的习俗，故意要显示出自己远离世俗、与众不同的人。

释义

隐居，只能是一种心态，而非一种刻意表现的生活。所以，"德盛""能静""修正""知命""著是"的人，是真正品德高尚的人，这样的人，无论身处闹市，还是隐居深山，都是真隐士、真君子。相反，那些试图借隐居来达到某种目的的人，想走一条终南捷径，实则却暴露了自己内心修为的不足。所以，判断一个人的思想精神是否真的超凡脱俗，不能只看他选择怎样的生活方式，而是应该综合地考察这个人的道德品行。

君 子 仪 容

原文

士君子之容：其冠进^①，其衣逢^②，其容良^③，俨然^④，壮然^⑤，祺然^⑥，蕼然^⑦，恢恢然^⑧，广广然^⑨，昭昭然^⑩，荡荡然^⑪，是父兄之容也；其冠进，其衣逢，其容悫^⑫，俭然^⑬，恀然^⑭，辅然^⑮，端然^⑯，訾然^⑰，洞然^⑱，缀缀然^⑲，瞀瞀然^⑳，是子弟之容也。

——《非十二子》（节录五）

注解：① 进(jùn)：通"峻"，高。② 逢：宽大。③ 良：温和。④ 俨(yǎn)然：庄重的样子。⑤ 壮然：严肃而不可侵犯的样子。壮，通"庄"。⑥ 祺(qí)然：安详的样子。⑦ 蕼(sì)然：愉快、舒畅、洒脱的样子。⑧ 恢(huī)恢然：气度开阔的样子。⑨ 广广然：气度开阔的样子。⑩ 昭(zhāo)昭然：明朗的样子。⑪ 荡荡然：坦荡的样子。⑫ 悫(què)：诚实，谨慎。⑬ 俭然：自谦的样子。⑭ 恀(shì)然：依赖(长者)的样子，温顺。⑮ 辅然：亲近亲切的样子。⑯ 端然：正直的样子。⑰ 訾(zǐ)然：柔顺的样子。訾，通"孳"。⑱ 洞然：恭敬的样子。⑲ 缀缀然：不离开的样子。缀，连接，紧跟着。⑳ 瞀(mào)瞀然：不敢正视的样子。

今译

士君子的仪容应该是这样的：帽子高高竖起，衣服宽宽大大,面容和蔼可亲,庄重严肃,安详洒脱,气度开阔,明朗坦荡,这是做父兄应该有的仪容。帽子高高竖起,衣服宽宽大大,面容谨慎、诚恳、谦虚、温顺、亲切、正直、柔顺、恭敬,时刻追随在长者身边,却不敢正视长者,这是做子弟应该有的仪容。

释义

君子应该有怎样的形象呢?人们总是希望给某一类人描画出一种固定的形象,比如这里所描绘的士君子的仪容。品德高尚的人仪表堂堂,品德低俗的人形象猥琐,这固然是一种以貌取人的态度,但实际上也不无道理。比如,作为父兄的身份和作为子弟的身份,仪容当然应该不同。俗话说,相由心生,一个思想高尚、追求真理的人,眼神必然是坚定的,一个克己复礼的人,仪态必然是谦和安详的,这些都是固定不变的。所以,这里的"士君子之容"并不仅仅指士君子的衣着打扮,而是指士君子的形象气质。拿上文来说,一个人可以借助那些高高的帽子、宽大的衣服来伪装成士君子的样子,但是士君子诚恳安详的气度是装不出来的,这也是今天我们常说的气场吧。

君子之言

原文

君子之言,涉然而精①,俛然而类②,差差然③而齐。彼正其名④,当其辞⑤,以务白其志义⑥者也。彼名辞也

者,志义之使⑦也,足以相通⑧则舍⑨之矣;苟⑩之,
奸⑪也。

——《正名》(节录三)

注解:① 涉然:深入的样子。精:精微。② 俛(fǔ)然:贴近的样子,引申为贴切、中肯。俛,同"俯",贴近。类:有条理,不虚浮。③ 差(cī)差然:参差不齐,这里指从不同的角度。④ 正其名:使事物的名称正确。⑤ 当其辞:运用恰当、有意义的言辞。⑥ 务:努力,致力于。白:阐明,表达。志义:思想。⑦ 使:使者。⑧ 通:沟通。⑨ 舍:舍弃,止。⑩ 苟:随意,这里指枝蔓。⑪ 奸:邪恶。

今译

　　君子的言谈,深入又精微,贴切又有条理、有法度,议论事情时,看上去有各种各样的说法,实际上始终是一致的。君子选择正确的名称,运用恰当的辞句,以此来努力地阐明他的思想学说。那些名称、辞句,是思想的使者,足够用来互相沟通就可以了;如果随意地使用各种纷繁复杂的语言,就是一种邪说了。

释义

　　这里的"俛然而类",贴近的是人情世故。君子能够恰当而准确地表达自己的观点,而蠢人的言论却是模糊、粗疏的。愚蠢的人吵吵嚷嚷而又不合法度,虽然看似用了很多花哨的名称、令人眼花缭乱的语言,但是在思想学说方面却毫无深意。所以,君子能够简洁地阐述观点,而愚蠢的人只会搬弄词句,却没有功效。因此,我们不要轻易地被花里胡哨的语言所蒙蔽,要善于辨别出君子和蠢人的言谈的不同。

原文

多言则文而类^①，终日议其所以^②，言之千举万变^③，其统类^④一也，是圣人之知^⑤也；少言则径而省^⑥、论而法^⑦，若佚^⑧之以^⑨绳，是士君子之知也。

——《性恶》（节录十三）

注解：① 文：言语文雅不粗鄙。类：有系统，有条理。② 所以：原因，理由。③ 千举万变：千变万化。④ 统类：法度，原则。⑤ 知：通"智"。下文的"知"也是这个用法。⑥ 径：直接。省：少。⑦ 论：通"伦"，条理，这里是有条理的意思。法：有法度。⑧ 佚（chéng）：通"程"，衡量，考核。⑨ 以：用。

今译

话说得多，但是文雅而有条理，整天阐释他之所以有他自己的主张的理由，语言虽然千变万化，但是其中总的原则却始终是一致的，这就是圣人的智慧；话说得少，但直截了当并且语言简洁精练，说起话来头头是道，有条理、有法度，就像用墨线量过一样符合要求，这就是士君子的智慧。

释义

无论是圣人还是君子，他们说话都有一个核心原则，那就是要合乎礼义法度。这段话中的"类"，就是这个意思。辩论的手法可以千变万化，辩论所用的内容可以旁征博引，辩论所用的语言可以多或少，但是只要不脱离礼义法度这个核心，就是一种有智慧的言谈了。

君 子 如 向

原文

君子之学也以美①其身，小人之学也以为禽犊②。故不问而告谓之傲③，问一而告二谓之囋④。傲，非也；囋，非也；君子如向⑤矣。

——《劝学》（节录十三）

注解：① 美：使（自己的身心）完美、完善。② 禽犊（dú）：古代用来馈赠别人的礼品。这里比喻卖弄。③ 傲：急躁。④ 囋（zá）：啰唆，话多。⑤ 向：通"响"，回响，回声。

今译

君子学习是为了完善自己的身心，小人学习是为了哗众取宠，向其他人卖弄自己所学的知识。所以，如果别人没有向你求教，但你却去教导别人，这就叫作急躁；别人问你一点，你却回答其他更多的内容，这就叫作啰唆。急躁是不对的，啰嗦也是不对的，君子回答别人的问题应该像回声一样，问什么答什么，不多不少，恰到好处。

释义

我们学习的目的是为什么？为了向大家炫耀自己的才能？为了谋取一个光明的前程？还是为了使自己的身心更加完善？君子给出了他们的答案："美其身。"这里的"身"，不是外表的漂亮光鲜，而是内心的充实完美。在现实生活中，尤其是在网络世界里，我们常常会看到有些好为人师的人，自己没什么本事，却无论遇到什么事情都要发表自己的意见，看上去好像很博学的样子，实则恰恰暴露了自己内心的空虚和学养的不足。所以，像君子那样，当别人向你求教时，你就诚恳地教导别人，不要有所保留；并且，能够针对求教者的问题，恰如其分地回答，而非只是为了显示自己的才能，夸夸其谈些无关的东西。就像古人所说的那样"善待问者如撞钟，叩之以小者则小鸣，叩之以大者则大鸣"。这种"小叩小鸣，大叩大鸣"，才是君子应该有的从容淡定。

谨 慎 其 身

原文

故未可与言而言谓之傲①，可与言而不言谓之隐②，不观气色而言谓之瞽③。故君子不傲、不隐、不瞽，谨顺其身④。

——《劝学》（节录十四）

注解：① 未可与言：无法和（他）谈论道。而：却。傲：急躁。② 隐：隐瞒。③ 气色：脸色。瞽（gǔ）：盲人，这里是盲目的意思。④ 顺：通"慎"，谨慎。其身：指前来求教的人的不同天性。

今译

所以，和无法与他谈论道的人谈论道，那叫作急躁；面对那些可以和他谈论道的人却不与他谈论道，那叫作隐瞒；不看对方回应的脸色，只顾自己滔滔不绝地说，叫作盲目。因此，君子不可急躁，也不可隐瞒，更不可盲目，要谨慎地对待每一位前来求教的人，顺应他的天性。

释义

对于君子来说，言还是不言，是个重要的问题。言什么，不言什么，也是必须要考虑的问题。要解决这些问题，答案只有一个词——"谨顺"。这里的"顺"不是毫无原则地顺从，而是谨慎考虑的意思。如果我们把这里的"顺"理解为顺应前来求教的人的天性，也是可以的。如果眼前的这个人见识广博，有一颗恳切的求道之心，那么君子大可以和他秉烛夜谈，滔滔不绝。如果眼前的人见识浅陋，那么和他谈论道简直就是对牛弹琴，这样的交谈又有什么价值呢？所以，"不傲，不隐，不瞽"，就是"顺其人之可与不可"，这是一种谨慎的选择，也是对自己负责的态度。

君子必辩

原文

谈说①之术,矜庄以莅②之,端诚以处③之,坚强以持④之,譬称以喻⑤之,分别以明⑥之,欣驩芬芗⑦以送之,宝⑧之珍⑨之,贵⑩之神⑪之,如是则说常无不受⑫。虽不说⑬人,人莫不贵⑭。夫是之谓为能贵其所贵⑮。传⑯曰:"唯君子为能贵其所贵。"此之谓也。

——《非相》(节录二)

注解:① 谈说:谈话劝说。② 矜(jīn)庄:庄重,严肃。莅:临,面对。③ 端诚:端正真诚。处:对待。④ 持:扶持,这里引申为说服的意思。⑤ 譬称:比喻说明。喻:说明,使人了解。⑥ 分:分析。别:区别,分辨。明:明白。⑦ 欣驩(huān)芬芗(xiāng):指和气。驩,通"欢"。芬芗,芳香,引申指和气。芗,通"香"。⑧ 宝:使(自己的学说)显得宝贵。⑨ 珍:使(自己的学说)显得珍贵。⑩ 贵:使(自己的学说)显得重要。⑪ 神:使(自己的学说)显得神妙。⑫ 受:被接受。⑬ 说:通"悦",使(别人)喜悦。⑭ 贵:尊重。⑮ 贵其所贵:使自己所珍重的学说得到珍重。⑯ 传(zhuàn):解说经义的文字,这里指古书。

今译

君子谈话劝说别人的方法是:用严肃庄重的态度去面对

他,用端正真诚的心去对待他,用坚持不懈的态度去说服他,用比喻说明的方法来启发他、使他明白,通过分析来使他明白是非的不同,和蔼地把自己的思想传达给别人,自己一定要珍爱、宝贵、重视、崇信自己的学说。像这样,那么君子所说的话往往就不会不被接受。即使他不去讨好别人,别人也没有不尊重他的。这就叫作能够使自己所珍重的学说得到重视。古书上说:"只有君子才能使自己所珍重的学说得到重视。"说的就是这种情况啊。

释义

"宝之珍之,贵之神之",这是宣传真理时必须拥有的态度。古代的君子因为珍爱、崇信自己的学说,所以才能使别人相信他。但是今天我们往往看到的是相反的情形:位高权重的人在台上侃侃而谈奉献、牺牲,台下却总是做些鸡鸣狗盗、上不得台面的事情,这样的人说一套、做一套,他说的话又怎么能有说服力呢?

所以,不要以为学过一些演讲的方法,成为一个训练有素的演讲者,就可以掩饰内心的丑恶私欲。一个人只有真正相信自己所说的东西,才能够带给听众思想上的触动、精神上的滋养。所以,想要说服别人,请先说服自己。"虽不说人,人莫不贵",说的就是君子所拥有的春风化雨般的影响力。

原文

凡言不合先王,不顺礼义,谓之奸言。虽辩①,君子不听。

......

故君子之于言②也，志好之③，行安之④，乐言之⑤。

······

故赠人以言，重⑥于金石珠玉；观人以言，美于黼黻文章⑦；听⑧人以言，乐于⑨钟鼓琴瑟。故君子之于言无厌⑩。

——《非相》（节录三）

注解：①辩：说话头头是道。②言：指正确的学说。③志好(hào)之：在心里喜欢它。④行安之：在行动上遵循它。⑤乐(lè)言之：乐意宣传、宣扬。⑥重：重要，有价值。⑦黼(fǔ)黻(fú)文章：这里指礼服上的华美花纹。黼，古代礼服上黑白相间的花纹。黻，古代礼服上青黑相间的花纹。文，古代礼服上青红相间的花纹。章，古代礼服上红白相间的花纹。⑧听：使(别人)听到，讲给别人听。⑨乐(lè)于：比(让别人听到钟鼓琴瑟的音乐声)还快乐。⑩厌：厌倦。

今译

凡是说的话不符合古代圣王的道德原则，不遵循礼义之道的，就叫作邪说，即使说得头头是道，君子也不会听。

······

所以君子对于正确的学说，一定是在心里喜欢它，在行动上一心要遵循它，并且乐意积极地宣传它。

······

所以君子把正确的学说赠送给别人，觉得比赠送金石珠玉还要有价值；把正确的学说给别人看，觉得比让别人看礼服上的华美花纹还要美丽；把正确的学说讲给别人听，觉得比让别人听到钟鼓琴瑟的音乐声还要快乐。所以君子对于正确的学说的宣传是永不厌倦的。

释义

在这个世界上，奸邪的学说、思想总是以更活泼、更可亲、更迎合听众的面目出现在我们面前，所以面对动听的话语，我们需要在心里打一个问号：这些话真的有道理吗？"巧言令色鲜矣仁"，我们首先要有自己的判断力。君子面对"虽辩"的"奸言"，就会坚定地"不听"。

在今天这个纷纷扰扰的时代，传统的价值观、人生观都面临着巨大挑战，在思想上应该相信什么，应该怎样去做，人们无所适从。所以，面对真理，我们需要一种信仰的力量，发自内心地相信真理，毫不懈怠地遵循真理，这也是荀子所说的"故君子之于言无厌"的道理。从古至今，君子的这种追求并没有变化，面对社会上的歪风邪气，我们更应该大胆地宣扬真理，弘扬正气，这是当代君子的重要职责。

原文

君子必辩①。凡人莫不好言其所善②，而君子为甚③焉。是以④小人辩言险⑤而君子辩言仁也。言而非仁之中⑥也，则其言不若其默⑦也，其辩不若其呐⑧也；言而仁之中也，则好言⑨者上矣，不好言者下也。故仁言大⑩矣。

……

故君子之行仁也无厌⑪。

——《非相》（节录四）

注解：① 辩：能说会道。② 凡：所有的。好(hào)：喜欢。所善：所认为是好的东西。③ 甚：厉害，程度深。④ 是以：因此。⑤ 辩言：宣扬。险：邪恶。⑥ 中(zhòng)：符合。⑦ 不若：不如。默：沉默不说话。⑧ 讷(nè)：同"讷"，不善于讲话，言语迟钝。⑨ 好言：喜欢宣扬自己的学说。⑩ 大：重大。⑪ 行：践行，做。厌：厌倦。

今译

君子一定是能说会道的。因为几乎所有人都喜欢谈论自己认为是好的东西，而君子比起一般人来更是如此。所以小人能说会道，宣扬的是邪恶的道理，但君子能说会道，宣扬的是仁爱的道理。一个人的言论如果不符合仁爱的道理，那么他开口说话还不如沉默不语，他能说会道还不如笨嘴拙舌；一个人的言论如果符合仁爱的道理，那么喜欢宣扬自己的学说就是最好的行为了，不喜欢宣扬自己的学说就是最下等的行为了。所以符合仁爱道理的言论是十分重要的。

……

所以君子践行仁爱的道理是从不厌倦的。

释义

人们总说"沉默是金"，但是该说话的人不开腔，该宣扬的事情不宣扬，从而使得不该说话的人大放厥词，不该宣传的事情大行其道，那么，这种沉默还能如金子般闪亮吗？所以，君子的谦和低调并不是永远地沉默不语。荀子说，"君子必辩"，尤其是在今天这个时代，社会需要能言善辩的君子，面对奸邪的学说思想，面对社会上低俗的风气，挺身而出，高调地宣传仁爱、礼义，大胆地弘扬社会正气，这样才能扭转低俗的世风，那些无知的人们才不会被蒙蔽心灵。所以，一个人精神境界的高贵与否，并不在于他看上去是否谦虚，而是在于他相信什么，宣传什么，弘扬什么。

原文

有兼听之明而无奋矜①之容，有兼覆之厚②而无伐德③之色，说行④则天下正，说不行则白道而冥穷⑤，是圣人之辨说也。《诗》曰："颙颙卬卬⑥，如珪如璋⑦，令闻令望⑧。岂弟⑨君子，四方为纲⑩。"此之谓也。

——《正名》（节录四）

注解：① 奋矜(jīn)：骄傲自大。② 兼覆之厚：无所不包的度量。③ 伐德：自夸美德。伐，自夸。④ 说行：学说得到推行。⑤ 白道：说明正道。白，说。冥穷：指隐居。穷，通"躬"。⑥ 颙(yóng)颙：恭敬温和的样子。卬(áng)卬：志气高昂的样子。⑦ 如珪(guī)如璋(zhāng)：珪和璋都是帝王、诸侯在朝会或祭祀时所拿的玉器，所以用来比喻纯洁温润的美德。⑧ 令：美好。闻(wèn)：声誉，名声。望：声望。⑨ 岂(kǎi)弟(tì)：同"恺悌"，温和快乐，平易近人。⑩ 四方：天下人。纲：纲要。

今译

有同时听取各方意见的明智，却没有趾高气扬、骄傲自大的神色；有无所不包的度量，却没有自夸美德的神色。自己的学说得到推行，那么天下的治理就能归于正道；自己的学说不能得到推行，那么就向天下人说明自己的理论，然后隐退。这就是圣人的辩论与解说。《诗经》上说："恭顺温和、志气昂扬，就好像美玉一样，有美好的名声。温和快乐、平易近人的君子啊，天下的人都拿他做榜样。"说的就是这种情况啊。

释义

君子比德如玉。中国人爱玉是有缘由的，玉的美，平和内敛，但绝非淡薄寡味。所以，中国人对玉的爱是一种敬爱，敬重玉由内而外营造出的一股气场，儒家把这种力量称作"仁"；也敬重玉所拥有的道德高度，人们把它视作一种"德"。正如上面这段文字中所说的"有兼听之明而无奋矜之容，有兼覆之厚而无伐德之色"。这样一种道德力量能够使君子在有出仕机会时治理好天下，在没有出仕机会时也能坚守自己的信仰。

《荀子》记载玉有七德，《说文解字》更将玉的精神归纳为五德：仁、义、智、勇、洁。玉在中国人的生活中，就是精神力量和道德力量的体现，它可以在面临危难时给人慰藉、使人安定，也可以在面对诱惑时给人鼓舞、使人坚定。

原文

辞让之节①得矣，长少之理顺②矣，忌讳不称，祆辞③不出，以仁心说，以学心④听，以公心⑤辨，不动⑥乎众人之非誉⑦，不治⑧观者之耳目，不赂⑨贵者之权势，不利传辟⑩者之辞，故能处道而不贰⑪，吐而不夺⑫，利而不流⑬，贵⑭公正而贱鄙争⑮，是士君子之辨说也。

——《正名》（节录五）

注解：① 辞让之节：谦让的礼节。② 长（zhǎng）少：年长和年幼。理：伦理。顺：顺从。③ 袄（yāo）辞：奇谈怪论。袄，同"妖"。④ 学心：学习的心。⑤ 公心：公正的心。⑥ 动：动摇。⑦ 非誉：毁谤或赞誉。非，非议，毁谤。⑧ 冶（yě）：迷惑。"冶"的本意是过分的装饰打扮。⑨ 赂（lù）：用语言讨好别人。⑩ 利：喜爱。传辟：指身边亲近的人。⑪ 处道：遵守正道。不贰：一心一意。⑫ 吐：发言。夺：受外力的胁迫而改变。⑬ 利：流畅，流利。流：随便乱说。⑭ 贵：崇尚。⑮ 贱：蔑视。鄙争：庸俗的争论。

今译

君子在辩说时，如果做到了谦让的礼节，能够依顺着长幼的伦理顺序，那么，有忌讳的话就不会说出口，奇谈怪论也不会说出口；（君子）用仁慈的心去宣讲自己的学说，用学习的心去听别人宣讲他的学说，用公正的心去判断是非对错。（君子）不会因为众人的非议或赞誉而动摇，不用漂亮的语言去迷惑听众的耳朵和眼睛，不讨好有权有势的人，不喜欢身边那些花言巧语的人的话，所以就能一心一意地坚持正道，敢于大胆发表意见，而且不会被人强行改变自己的观点，言语流利却不随便乱说，崇尚公正的论说而鄙视庸俗的争论，这就是士君子的辩论与解说。

释义

理不辩不明。但是成功的辩论靠的是哗众取宠的论调，还是流畅漂亮的言辞？显然都不是，"处道而不贰"，才是士君子的成功之道。内心坚定的君子，坚守正道，所以不会被人轻易说服，也自然拥有说服对手的强大力量。辩论是有益的，但是庸俗的争论却是无益的。君子的辩说一定是围绕着正道展开的。

坚 守 正 道

原文

君子之求利也略①，其远害②也早，其避辱也惧，其行道理③也勇。

......

《书》④曰："无有作好⑤，遵王⑥之道⑦；无有作恶⑧，遵王之路⑨。"此言君子之能以公义⑩胜私欲也。

——《修身》（节录六）

注解：① 求利：谋求私利。略：不斤斤计较。② 远害：远离祸害。③ 行：奉行，担当。道理：道义。④《书》：指《尚书》。⑤ 无：通"毋（wú）"，不。作好：个人的喜好。⑥ 王：指上古时期的贤明君主，先王。⑦ 道：路，指先王制定的礼仪。⑧ 作恶：个人的憎恶。⑨ 路：指先王制定的礼仪。⑩ 公义：符合公众利益的道义。

今译

君子对于谋求私利是很不在意的，他早早地远离祸害，诚惶

诚恐地避免受到耻辱,勇往直前地奉行道义。

……

《尚书》说:"不要任凭个人的喜好办事,要遵循先王制定的正道去做。不要任凭个人的憎恶办事,要遵循先王制定的礼仪去做。"这是说君子能用符合公众利益的道义来战胜个人的欲望。

释义

君子一定是有所为,有所不为的。为还是不为,君子选择的标准只有一个,那就是——道。所以,我们会看到,为了追求真理、践行真理,君子勇往直前,哪怕是牺牲生命也在所不惜。这样的人,自然不会为了谋取私利而斤斤计较;这样的人生,当然会远离祸患,避免受辱。在中国历史上,曾经有无数这样的先贤志士为圣贤所推崇、为后人所敬仰,在今天这个物欲横流的世界中,其实也有许多愿意践行的继承者。

有多少人能真正地做到"无有作好""无有作恶"? 这实在是一件太难的事情了。人总有喜怒哀乐、喜好憎恶,人看待问题、处理事情总有自己的偏好和倾向,这是人之常情。但是这种"人之常情"往往就会导致错误的判断,所以君子超出常人的地方就在于他能够超越这种"常情"。其实,君子也是普通人,也有偏好倾向,君子之所以能够超越常情,就在于他们心中有一个标准——"公义",这就是所谓的公众利益与个人利益之间的博弈。当一个人心中的"公义"战胜了私欲,那么他就可以超越"常情"对人的思想控制了,君子正是这样一种在思想上达到了自由境界的人!

原文

天不为人之恶寒也辍①冬,地不为人之恶辽远也辍广,君子不为小人之匈匈^②也辍行^③。天有常道^④矣，地有常数^⑤矣，君子有常体^⑥矣。君子道其常^⑦而小人计其功^⑧。

——《天论》（节录十三）

注解：① 为(wèi)：因为。恶(wù)：厌恶。辍：废止，停止。② 匈匈：通"讻(xiōng)讻"，形容喧闹或纷乱的声音。③ 行：做善行。④ 常道：不变的规律，一定的规律。常，经久不变的。⑤ 数：法则。⑥ 体：体统，规矩，行为标准。⑦ 道：这里是动词，遵守。常：指前文的"常体"。⑧ 计其功：计较他自己的功利得失。

今译

上天并不会因为人们厌恶寒冷就取消冬季，大地并不会因为人们厌恶辽远就废除宽广的土地，君子也不因为小人的吵闹喧哗就停止做善行。上天有经久不变的规律，大地有经久不变的法则，君子有经久不变的行为标准。君子遵行自己符合正道的行为标准，但小人却计较自己的功利得失。

释义

真理和谬论总是同时存在的，真理正是在与谬论的斗争中越辩越明的。所以，君子的周围一定有着小人的吵闹喧哗，如果受到些影响，就中断自己的追求，停止做善行，那么也算不得君子了。荀子借用"天不为人之恶寒也辍冬，地不为人之恶辽远也辍广"的自然之理揭示出：周围的怀疑、干扰越是厉害，君子就越是要坚持自己的追求。所以，君子和小人的区别就在于：君子坚信自己所追求的真理，而小人却总是会受利益得失的影响而患得患失。

专 一 于 道

原文

　　昔者舜之治天下也，不以事诏①而万物成。处一危②之，其荣满侧③；养一之微④，荣矣而未知⑤。故道经⑥曰："人心之⑦危，道心⑧之微。"危微之几⑨，惟明⑩君子而后能知之。

——《解蔽》（节录四）

　　注解：①诏：告，指具体告诉手下人该怎么做。②一：专一，指专心于道。危：心存戒惧地对待一切。③其荣满侧：指身边充满荣誉的光环。④一：专心于道。之：到，达到。微：精微、精妙的境界。⑤未知：不知不觉。⑥道经：现在已经失传的一本古书。⑦人心：指遵循道的心。之：到，达到。⑧道心：指掌握了道的心。⑨几（jī）：细微的苗头或预兆。⑩明：明智。

今译

　　从前舜治理天下，不是每件事情都告诉手下人应该如何去做，但各种事情都能办得很好。固守着专心于道的原则，小心翼翼，心存戒惧，他的身边就会充满荣誉的光环；培养专心于道的品德，达到精妙的境界，就会在不知不觉中得到内心的荣耀。所以《道经》上说："遵循道的心，时刻警惕，小心翼翼，掌握了道的心就会达到精妙的境界。"这谨慎小心与精妙之间微妙的差别，只有明智的君子才能知道。

释义

舜因为掌握了道，所以能够任用贤人，不用自己亲自管理具体事务，这是垂拱而治的高超境界。事必躬亲的领导，固然令人钦佩，但是又怎么比得上善于用道义来影响、启发周围人的舜呢？舜可算得是掌握了"道心之微"的圣人啊！

道的力量在于能够使人的品德修养在不知不觉中得到提升。从刚开始遵循道时的谨慎小心，到掌握道后的"荣矣而未知"，这种变化就是道的力量。

不 蔽 之 福

原文

传①曰："知②贤之谓明，辅贤之谓强，勉之强③之，其福必长。"此之谓也。此不蔽④之福也。

——《解蔽》（节录六）

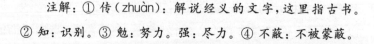

注解：① 传（zhuàn）：解说经义的文字，这里指古书。② 知：识别。③ 勉：努力。强：尽力。④ 不蔽：不被蒙蔽。

今译

古书上说:"能够识别贤人叫作明智,能够辅助贤人叫作贤能。努力识别贤人、尽力辅助贤人,他的幸福一定长久。"说的就是这个意思。这就是不被蒙蔽的幸福啊。

释义

对于领导者来说,能够知人善任、人尽其用,不被小人所欺骗,就是一种幸福。对于人才来说,能够被有贤才的领导赏识,尽力地发挥自己的才能,而不是被周围的小人欺压,这也是一种幸福。不被蒙蔽,需要同时兼具明智和贤能,这往往是可遇而不可求的境遇!

原文

圣人知心术之患①,见蔽塞②之祸,故无欲、无恶③、无始、无终、无近、无远、无博、无浅④、无古、无今,兼陈万物而中县衡⑤焉。是故众异⑥不得相蔽⑦以乱其伦⑧也。

——《解蔽》(节录七)

注解:① 心术之患:思想方法上的毛病。② 蔽塞:闭塞,不开通。③ 恶(wù):讨厌。④ 浅:浅显,容易理解的。⑤ 陈:陈列。中:中间。县(xuán):同"悬",挂。衡:秤,这里指标准。县衡,指用一定的标准进行权衡。⑥ 异:差异。⑦ 相蔽:相互掩盖,造成认识上的局限和片面。⑧ 伦:条理,秩序。

今译

　　圣人知道人在思想方法上的毛病，看到认识闭塞的祸害，所以既不特别爱好一样东西，也不特别厌恶一样东西；既不强调开始，也不强调结局；既不是只看到近处，又不是只看到远处；既不过分追求广博，又不只追求浅显易懂；既不是只了解古代，又不是只知道现在。而是同时把各种事物都排列出来，并且在其中根据一定的标准进行权衡。所以各种事物之间的差异就不会相互掩盖，造成圣人认识上的局限和片面，以致搞乱了事物本身的秩序。

释义

　　人总有自己的喜好，但圣人超出普通人的地方就在于圣人能够克制自己的喜好，科学、客观地认识事物。事物之间也总是有差异的，如果能够根据一定的标准权衡比较，就可以全面地认识各类事物，避免因为外在的差异而影响人们做出正确的判断。所以，既不回避，又有恰当的标准，就可以正确认识事物。

原文

　　故人心譬如槃①水，正错②而勿动，则湛浊③在下而清明④在上，则足以见须眉⑤而察理⑥矣；微风过之，湛浊动⑦乎下，清明乱⑧于上，则不可以得大形之正⑨也。

　　心亦如是矣，故导⑩之以理，养之以清⑪，物莫之倾⑫，则足以定⑬是非、决嫌疑⑭矣。小物引⑮之则其正外易⑯，其心内倾⑰则不足以决庶理⑱矣。

——《解蔽》（节录八）

注解：① 槃(pán)：同"盘"。② 正：端正。错：通"措"，放置。③ 湛浊：指泥滓，脏物。湛，同"沉"，指沉淀的泥渣。④ 清明：指清澈的水。⑤ 须眉：胡须，眉毛。⑥ 理：皮肤上的纹理。⑦ 动：翻动，泛起。⑧ 乱：变浑浊。⑨ 大形：人的形体，古文中"大"字像正面的人形。正：正确真实的形象。⑩ 故：相当于"若"，如果。导：引导。⑪ 清：高洁的品德。⑫ 倾：倾斜，这里是干扰，使(心)倾斜的意思。⑬ 定：判定。⑭ 决：断定，拿定主意。嫌疑：令人疑惑，无法辨别的事情。⑮ 引：引诱。⑯ 外易：在外表上发生变化。易，变化。⑰ 内倾：在心中有动摇、有变化。⑱ 庶理：粗浅的道理。

今译

所以人的思想就像盘中的水，端正地放着而不去搅动它，那么脏东西就会沉淀在底下，而上面的水就很清澈透明，足够用来照出人的胡须眉毛，看清楚皮肤的纹理了。但是，如果微风吹过，沉淀的脏东西就会从下面泛上来，上面的清澈透明的水就会被搅乱，那就不能靠它照出人体的真实形象了。

人心也像这样啊。如果用正确的道理来引导它，用高洁的品德来培养它，不让外界的事物去干扰它，那么就足够用来判定是非、决断令人疑惑的事情了。如果用小事引诱它，那么人的端正神态就会在外表上发生变化，人的内心也会有所动摇，就连最粗浅的道理都不能判断了。

释义

大部分人的思想中都既有好的一面，也有不好的一面。如果不去诱惑它，那些肮脏的东西就会自然而然地沉淀到内心的深处；但是如果去诱惑它的话，人本性中恶的那一面就会显现出

147

来,所谓天使与魔鬼,往往就在一念之间。

　　人心的坚定与动摇,往往也在于一念之间。从动摇到坚定,依靠的是高尚品德的培养和正确道理的引导。如果将自己始终置于高尚之中,就能够长久地保持端正的态度;相反,如果不断地受到小事的引诱,人的内心就容易受到蒙蔽!

再版后记

  《中华根文化·中学生读本》(15种)2012年由复旦大学出版社首版,2014年作为复旦附中教学成果"阅读中国人　书写中国人"的教材组成部分,荣获国家级教学成果一等奖。此次上海教育出版社再版,基本保持原版模样,所做的工作主要是汇聚读者意见,对原版内容做适度删节。删节时主要考虑两点:更加突出"根文化"概念;使单元主题更集中。

  我们在2010年策划出版这套图书时就认为,"中华根文化"是21世纪中华儿女走向世界,参与全球化进程的一种重要力量。今天我们更认为,"中华根文化"蕴含着中华民族的情感力、思想力、想象力、创造力、批判力等不竭的生命力。尤其是那种挺立天地之间,居仁行义的天下意识、宇宙意识与人类情怀,深度契合着困难重重的21世纪的人类社会的内在需要,已显现出了一种崭新的人类文化的光辉特质。因此,我们愿意继续为"中华根文化"的现代传译尽自己的微薄之力,让更多的读者,尤其是中学生读者,更好地认识、理解中华民族根文化的根性特征——不仅是民族文化之根,也是世界文化之根——而拥有自我生命的大觉醒、大参悟，成为真正"具有中国心的现代文明人"（于漪老师语）。

再版时，我们力所能及地对原版的错误做了修订，但限于能力，一定还有许多不当之处，敬请读者批评指正。

黄荣华

2017 年 3 月 13 日

图书在版编目(CIP)数据

君子之言:《荀子》选读 / 黄荣华主编. —上海:上海教育出版社,2017.6
ISBN 978-7-5444-7579-2

Ⅰ.①君... Ⅱ.①黄... Ⅲ.①儒家②《荀子》—青少年读物
Ⅳ.①B222.6-49

中国版本图书馆CIP数据核字(2017)第126839号

责任编辑 顾　翊
封面设计 金一哲

君子之言
——《荀子》选读
黄荣华　主编

出	版	上海世纪出版股份有限公司
		上 海 教 育 出 版 社
		官　网 www.seph.com.cn
		易文网 www.ewen.co
地	址	上海市永福路123号
邮	编	200031
发	行	上海世纪出版股份有限公司发行中心
印	刷	上海展强印刷有限公司
开	本	640×960　1/16　印张 10.5
版	次	2017 年 7 月第 1 版
印	次	2017 年 7 月第 1 次印刷
书	号	ISBN 978-7-5444-7579-2/G·6243
定	价	19.80 元